**Illustrations et textes
Michel Rigel**

michel.rigel@orange.fr

ISBN :

Dépôt légal : Octobre 2020

2ème édition

Page suivante

Dessin encre de chine à la plume par Michel Rigel 2017

Catalogue raisonné N° 3635

LEONARD DE VINCI

LA MONTAGNE
DU CYGNE

DU MEME AUTEUR
TEXTES ET ILLUSTRATIONS

ENIGMES DE L'UNIVERS
Dépôt légal: janvier 2014- ISBN :978-1-291-80906-0

MONTMARTRE BREVES RENCONTRES
Dépôt légal: février 2016- ISBN :978-1-326-57750-6

MONTMARTRE BEAUTE DE LA BUTTE
Dépôt légal : mars 2016- ISBN :978-1-326-64193-1

LES CHATS EN AQUARELLE
Dépôt légal : avril 2016- ISBN : 978-2-8106-1743-2-

LEONARD DE VINCI-LA MONTAGNE DU CYGNE
1ère édition
Dépôt légal: sept 2018- ISBN : 978-0- 244- 38814-0

En instance de publication
LEONARD DE VINCI – LE PRECURSEUR
CATALOGUE RAISONNE RIGEL,1970-2018 : 5000 aquarelles
L'ESCALIER SANS FIN, LE PHARE DE CORDOUAN

ILLUSTRATIONS

ERNEST TYSSANDIER D'ESCOUS
ISBN :978-2-322-03099-6- Dépôt légal : avril 2013
LES MAISONS DE L'ENCRIER
ISBN :979-10-90416-10-9-Dépôt légal : février 2014
JEUX FLORAUX
ISBN :979-10-90416-11-6- Dépôt légal : mars 2014
VOYAGES EN FRANCE
ISBN : 978-2-322-03592-2-Dépôt légal : avril 2014
LA DAME DE CASTELDOZE
ISBN :979-10-90416-13-0- Dépôt légal : avril 2014
JEUX FLORAUX
ISBN : 979-10-90416-19-2- Dépôt légal : juin 2015
LE CHAT MOINE
ISBN : 978-2-322-07701-4- Dépôt légal : mai 2016
PALIMPSESTES
ISBN : 978-2-322-11249-4-Dépôt légal : sept 2016
COLETTE-MISCELLANEES
ISBN : 978-2-9535156-5-7- Dépôt légal : février 2017

LÉONARD DE VINCI

LA MONTAGNE

DU CYGNE

Textes augmentés de 114 dessins de Léonard de VINCI exécutés à l'encre de chine et à la plume par Michel RIGEL,

Léonard de Vinci
La Montagne du Cygne
2ème édition
michel.rigel@orange.fr

LÉONARD DE VINCI
La Montagne du Cygne
TABLE

Tout obstacle renforce la détermination. Celui qui s'est fixé un but n'en change pas.

Léonard de Vinci

Léonard de Vinci par Michel Rigel

Dessin encre de chine à la plume infographiée 2017

Catalogue raisonné N°4164

PREFACE

C'est en voyant les dessins de Léonard de Vinci que Michel Rigel a entrepris de revisiter l'œuvre graphique de ce génie universel en utilisant comme lui la plume et la sanguine. Le peintre, sculpteur, architecte, ingénieur et savant florentin va exercer un puissant ascendant sur le natif de Bordeaux qui monte à Paris pour embrasser une carrière artistique.

Michel Rigel découvre alors chez Léonard de Vinci le grand initiateur de la seconde Renaissance qui s'est intéressé à toutes les branches de l'art et de la science, ainsi qu'en témoignent ses écrits et ses étonnants carnets de dessins. Bien que contraint à une carrière nomade, Léonard de Vinci a réalisé au plus haut degré les aspirations florentines d'universalisme, de polyvalence et de liberté créatrice.

Très tôt, Michel Rigel a éprouvé une vive passion pour tout ce qui se rapportait à l'aviation. Adolescent, il s'imaginait volontiers pilote d'avion et il s'est mis à construire méticuleusement des maquettes qui lui permettaient de satisfaire ce besoin d'évasion loin de la réalité quotidienne. C'est cet engouement pour l'aviation qui va renforcer l'admiration qu'il éprouve pour l'esprit pluridisciplinaire que Léonard de Vinci représente à ses yeux. Notamment avec cette première expérience d'un engin volant où un homme se lance du haut du *Monte Ceceri* et qui constitue la première tentative de machine volante pilotée par un être humain d'où le titre donné à l'ouvrage que vous vous apprêtez à lire. Avec *La Montagne du Cygne*, nous partons à la découverte de celui qui s'est imposé comme un esprit hors du commun même si certains de ses contemporains l'ont considéré comme un fou tant son esprit visionnaire était en avance sur son temps. Il a passé une grande partie de sa vie à disséquer ses idées pour en tirer le meilleur et il a parcouru son époque en tentant d'en assurer la diffusion même si, parfois, il s'est avéré que l'entreprise était vaine.

Si Léonard de Vinci s'impose aujourd'hui comme un scientifique doublé d'un inventeur, il est incontestable que sa notoriété repose pour l'essentiel sur ses réalisations en tant que peintre qui, en définitive, sont relativement peu nombreuses puisque l'on en dénombre à peine une vingtaine.

Michel Rigel veut nous faire aimer ce véritable génie qui a eu l'intelligence de se restreindre au parfait en atteignant chaque fois le chef-d'œuvre et en évitant ainsi de reproduire à l'infini des tableaux répétitifs. La qualité de l'œuvre picturale de Léonard de Vinci s'appuie sur les techniques novatrices qu'il a développées pour enrichir sa peinture, la précision du trait, le dégradé des couleurs, un fondu parfaitement exécuté dans sa technique du *sfumato*, l'utilisation de la lumière, le sens de la composition, la manière dont ses personnages utilisent le registre des émotions et les expressions gestuelles, le tout aidé par une grande connaissance de l'anatomie humaine, la géologie et la botanique. Peut-être une fois la lecture de ce livre achevée, vous souhaiterez rejoindre au plus vite l'interminable procession qui se presse chaque jour au musée du Louvre pour admirer le tableau le plus célèbre au monde. Je veux parler de *La Joconde*, cette toile à propos de laquelle il a été rapporté que Léonard aurait mis au moins 10.000 heures pour la peindre à la loupe ! Cette anecdote nous aide à mieux comprendre lorsque Léonard écrivit: « Les détails font la perfection, et la perfection n'est pas un détail. »

Philippe Lorenzo

Chapitre I

LA TOSCANE DE VINCI

Léonard de Vinci, *Leonardo di ser Piero da Vinci,* dit *Leonardo da Vinci,* naquit en Toscane le 15 avril 1452 dans le petit bourg d'Anchiano près du village de Vinci dont il porte le nom.

Léonard de Vinci est le fils illégitime d'un notaire, Messer Piero Fruosino di Antonio da Vinci qui appartient à une riche famille de notables italiens, et d'une fille de paysans, Caterina, d'origine très modeste.

Léonard de Vinci par Michel Rigel

Dessin encre de chine à la plume 2017

Catalogue raisonné N° 4168

Léonard eut au total dix-sept demi-frères et sœurs dont douze nés après lui provenant des quatre mariages successifs de son père et cinq issus de l'union de sa mère avec un paysan de la ville. Après les noces de celle-ci, Léonard, qui a cinq ans, quitta la maison maternelle et fut alors admis dans la famille de son père. Celui-ci le considéra comme un fils à part entière mais n'en fit jamais un enfant légitime.

Léonard entretint de bons rapports avec les différentes femmes de son père, notamment Lucrezia Guglielmo Cortigiani, sa dernière épouse. Durant son enfance, son grand-père, Antonio da Vinci, et son oncle Francesco lui transmirent une bonne éducation, et il est rapporté que c'est sa grand-mère paternelle, Lucia di ser Piero di Zoso, céramiste de son état, qui l'initia aux arts. La formation rudimentaire qu'il reçut dans une école destinée aux fils de commerçants et d'artisans ne lui permit pas d'apprendre le grec et le latin, deux langues indispensables pour les savants et les lettrés de l'époque, et il ne put entamer des études universitaires.

A partir de 1460, Léonard, bien que censé être résident de la commune de Vinci, est très souvent à Florence où son père travaille. A cette époque, la ville est considérée comme l'une des plus belles d'Europe avec des artisans et artistes de toutes sortes, peintres, tailleurs de pierres, fondeurs, céramistes, joailliers, orfèvres.

La Montagne du Cygne

Tout à la fois peintre, sculpteur, musicien, écrivain, philosophe, poète, architecte, urbaniste, botaniste, anatomiste et ingénieur, Léonard de Vinci fut un homme d'esprit universel simultanément artiste, organisateur de spectacles et de fêtes, inventeur et scientifique pluridisciplinaire. Grâce à une intelligence exceptionnelle qui lui a permis d'exceller dans un grand nombre de domaines, Léonard de Vinci s'est imposé comme celui qui a surpassé tous les hommes de son temps et qui n'a pas eu d'équivalent au cours des siècles suivants. En effet, l'étendue des sciences actuelles est telle que la possibilité pour un seul homme d'accumuler autant de connaissances, et d'en tirer autant d'innovations dans des voies aussi différentes paraît inconcevable de nos jours. Cependant, malgré l'émerveillement qu'il suscite aujourd'hui et bien qu'une partie de ses rêves soit devenue au fil des ans réalité, il a connu les moqueries d'un grand nombre de ses contemporains.

La découverte des caractères mobiles fut un événement majeur qui se produisit deux ans après la naissance de Léonard, donnant une impulsion fulgurante à l'imprimerie naissante, rendant le livre et sa fabrication accessibles à une plus grande échelle. On passa alors du parchemin écrit à la main au livre d'impression devenu beaucoup moins onéreux du fait de sa large diffusion, d'un seul coup, les découvertes pouvaient être vulgarisées pour le plus grand nombre ; à cette époque, peu de gens possédaient des livres et en détenir un, signifiait en avoir la connaissance.

Léonard ne s'est pas préoccupé de la propagation de ses écrits qui ne furent donc pas publiés de son vivant et cette négligence a profondément hanté ses pensées à la fin de sa vie. A sa disparition, ses écrits furent mis de côté par ses héritiers et relégués au fond d'une malle dans un grenier. Ce n'est que des siècles plus tard que l'œuvre de Léonard sera mise en évidence et s'imposera alors pour la postérité.

Chapitre II

APPRENTISSAGE A L'ATELIER DE VERROCCHIO

Piero da Vinci, qui cherchait un maître hautement qualifié dans le domaine artistique pour placer son fils, montra plusieurs de ses dessins à son ami Andrea del Verrocchio, lui demandant si Léonard pouvait se consacrer à l'art du dessin en espérant y avoir quelque réussite. Verrocchio, ébloui par le talent de Léonard, incita vivement ser Piero à engager son fils dans cette voie.

Pierre de Médicis, atelier d'Andrea del Verrocchio

Dessin encre de chine à la plume de Michel Rigel 2016

Catalogue raisonné N° 3876

Verrocchio, au départ orfèvre et forgeron, s'était orienté par la suite vers la peinture, la sculpture et la fonderie, jusqu'à diriger l'un des plus brillants ateliers d'art de Florence. Les commandes reçues concernaient des retables et des statues commémoratives pour les églises, des fresques pour les chapelles et de grandes sculptures telles que les monuments équestres. Verrocchio devint ainsi le sculpteur en titre de la puissante maison de Médicis et de nombreuses commandes furent passées notamment par le riche mécène Laurent de Médicis dit le Magnifique.

Christ par Léonard de Vinci

nnnnnnDessin encre de chine à la plume de Michel Rigel 2016

Catalogue raisonné N° 3896

La Montagne du Cygne

Impressionné par les croquis de Léonard, Verrocchio décida aussitôt de l'engager comme élève apprenti et son père accepta de payer une rétribution pour l'apprentissage comme c'était l'usage à l'époque.

Andrea del Verrocchio par Lorenzo di Credi

Dessin encre de chine à la plume de Michel Rigel 2017

Catalogue raisonné N° 4035

Nous sommes en 1469, Léonard a dix-sept ans et il commence à travailler dans l'atelier du maître de l'école toscane, lui-même également très jeune car à peine âgé de trente-quatre ans.

Verrocchio prônait un enseignement très diversifié et conseillait de s'essayer dans de multiples disciplines. Après une première année consacrée au nettoyage des pinceaux et aux autres petits travaux effectués par les apprentis, Léonard apprit les bases de nombreuses techniques pratiquées en atelier comme la menuiserie, la métallurgie, la mécanique, la chimie, le travail du cuir et du plâtre. On lui enseigna également les procédés artistiques relatifs au dessin, à la peinture et à la sculpture en marbre ainsi qu'à la fonte du bronze tout en l'initiant à la préparation des couleurs, la gravure et la peinture des fresques.

Dès le début de son apprentissage Léonard fit forte impression. Outre l'aisance qu'il manifestait dans les disciplines qu'on lui enseignait, il se faisait également remarquer en écrivant des chansons, en fabriquant ses instruments de musique, en jouant de plusieurs d'entre eux et le jeune apprenti aimait aussi en créer de nouveaux en inventant des formes différentes.

Dans l'atelier, le temps était consacré au travail, les apprentis devant aider le maître Verrocchio pour la conception des tableaux et des sculptures. Impressionné par les qualités artistiques de

Léonard, Verrocchio finit par lui confier le soin privilégié de terminer ses propres tableaux.

Un jour, Léonard peignit pour Verrocchio un ange dans le tableau *Le Baptême du Christ* qui représente saint Jean-Baptiste donnant les sacrements au Christ dans les eaux du Jourdain, peinture qui figure aujourd'hui au musée des Offices à Florence. Verrocchio fut tellement subjugué par le résultat de son élève qu'il fit le vœu de ne plus peindre et de ne se consacrer qu'à la seule sculpture.

Portrait de Dante par Sandro Botticelli.

Dessin encre de chine à la plume et sanguine de Michel Rigel 2016

Catalogue raisonné N° 3649

La Montagne du Cygne

Cette proximité avec Verrocchio fut l'occasion pour Léonard de côtoyer des artistes qui comptaient à l'époque comme Sandro Botticelli, Le Pérugin ou Domenico Ghirlandaio.

Monument Colleoni de Verrocchio par Michel Rigel

Dessin encre de chine à la plume et sanguine 2012

Catalogue raisonné N° 72

Laurent de Médicis, souhaitant organiser un tournoi pour fêter la fin de la guerre et le terme d'une épidémie de peste, passa commande de costumes pour la procession à Verrocchio. Les frères Médicis, Laurent et son cadet Julien, ainsi que des notables et des riches bourgeois, devaient parcourir la ville de Florence, tous habillés de somptueux costumes couverts de broderies d'or. Cette manifestation fut une grande fierté pour l'atelier de Verrocchio et le travail de Léonard fut très apprécié.

Verrocchio mourut en1488 à l'âge de cinquante-trois ans. Une de ses plus importantes réalisations est la *Statue du Colleone*, du nom du général des armées vénitiennes le condottiere Bartolomeo Colleoni. L'ouvrage, situé sur le *campo dei Santi Giovanni e Paolo* à Venise face à la basilique de San Zanipolo, est considéré comme la plus belle statue équestre jamais réalisée.

Léonard de Vinci se trouva si bien dans l'atelier de Verrocchio qu'il y resta jusqu'à l'âge de vingt-six ans, et on attribue l'évolution de Verrocchio sur le plan artistique à l'influence qu'exerça sur lui Léonard, celui-ci devenant en quelque sorte le maître de son maître.

Chapitre III

LEONARD LE TRAIT DE GENIE

Léonard de Vinci se distingua principalement dans deux disciplines, la peinture et la sculpture. La conception et la réalisation d'une œuvre par un artiste telles que nous les connaissons aujourd'hui étaient bien différentes à l'époque car elles étaient souvent le travail de tout un atelier. Ainsi Léonard produisit plusieurs œuvres avec Andrea del Verrocchio, des retables, des fresques sur panneaux et des sculptures en bronze et en marbre.

C'est à l'époque de la Renaissance que furent élaborées par les dessinateurs et les peintres les premières règles de la perspective. Jusque-là, les artistes dessinaient sans effet de profondeur et les personnages de près ou de loin étaient de la même grandeur jusqu'au jour où ils comprirent que deux lignes s'éloignant vers l'horizon finissaient par se rejoindre : la perspective était née.

La plupart des tableaux n'étaient pas signés et n'avaient pas de titres. Les œuvres attribuées à Léonard de Vinci, toiles ou fresques, sont étonnamment peu nombreuses comparées à la production de ses dessins, et on dénombre finalement dans ses réalisations à peine une vingtaine de peintures à l'huile.

L'œuvre de Léonard est très diverse mais le résultat obtenu dans chacune des disciplines abordées est pourtant plus important que l'œuvre d'un artiste de son temps qui n'aurait travaillé que dans une seule de ces matières.

Étude d'un visage par Raphaël

Dessin encre de chine à la plume de Michel Rigel 2015

Catalogue raisonné N° 3168

La Montagne du Cygne

Léonard réalisa à cette époque des milliers de dessins, études de tableaux et croquis d'inventions. Sa curiosité est insatiable ; que n'a pas inventé ou présagé Léonard de Vinci ?

Autoportrait par Le Titien

Dessin encre de chine à la plume de Michel Rigel 2017

Catalogue raisonné N°3963

La Montagne du Cygne

Comparativement aux autres grands artistes qui ont jalonné son époque comme Raphaël, Michel-Ange, Botticelli, Dürer ou Le Titien, Léonard est celui qui a embrassé le plus de disciplines à la fois en tant que savant et en tant qu'artiste. Et c'est à ce titre qu'il demeure sans doute le plus grand génie de tous

Étude d'une Madone par Raphaël

Dessin encre de chine à la plume de Michel Rigel 2013

Catalogue raisonné N° 1737

La Montagne du Cygne

les temps même si certains de ses contemporains ne l'ont pas traité avec considération, ne voyant en lui qu'un homme à l'imagination trop fertile.

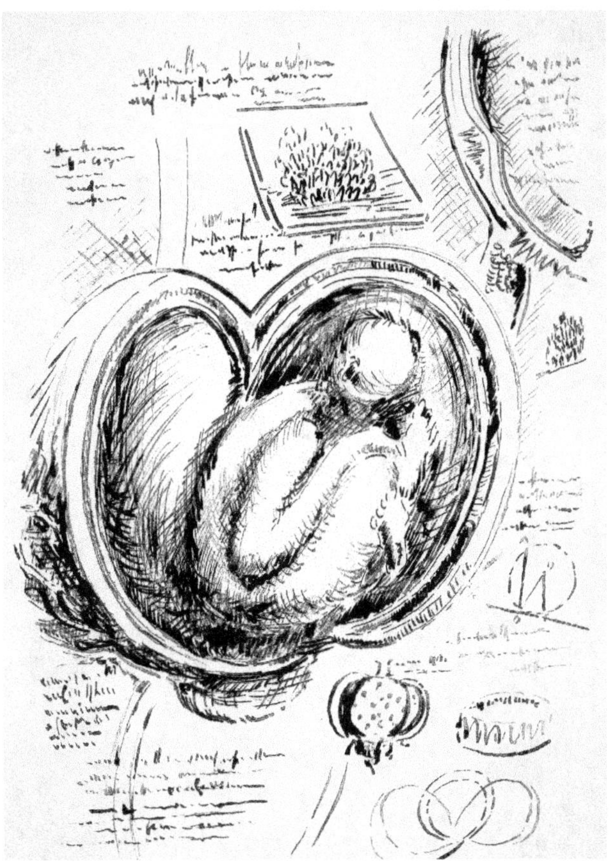

Fœtus par Léonard de Vinci

Dessin encre de chine à la plume de Michel Rigel 2016

Catalogue raisonné N° 3636

La Montagne du Cygne

L'historien de l'art italien Giorgio Vasari (1511-1574) présenta Léonard de Vinci comme un artiste très doué, curieux de tout, mais qui ne s'attardait pas sur les choses et abandonnait très vite certaines de ses recherches pour aller à la découverte d'autres concepts.

Portrait de Raphaël par Michel Rigel

Dessin encre de chine à la plume et sanguine 2012

Catalogue raisonné N° 1086

En 1472, Léonard, qui n'avait que vingt ans, devint membre de la guilde de Saint-Luc, la célèbre corporation des peintres de Florence. C'est la période où il va commencer à s'affirmer avec de premiers travaux dont la qualité va être tout de suite reconnue. Ainsi, en 1473, il dessina le *Paysage de la vallée de l'Arno* qui marque son intérêt pour tout ce qui touche à la nature. Puis dans les années

Paysage exécuté à 21 ans par Léonard de Vinci

Dessin encre de chine à la plume et sanguine de Michel Rigel 2016

Catalogue raisonné N°3651

La Montagne du Cygne

1473-1475, il peignit *L'Annonciation*, un tableau de l'atelier de Verrocchio, mais attribué à Léonard, qui représente l'Ange Gabriel saluant la Vierge Marie. Enfin en 1476, le jeune apprenti commença à recevoir des commandes personnelles tout en

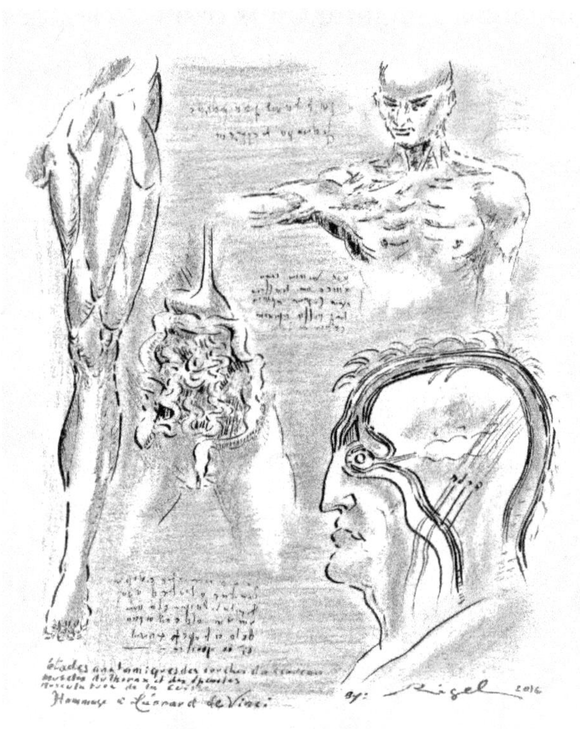

Études anatomiques par Léonard de Vinci

Couches du cerveau, muscles du thorax et de la cuisse.

Dessin encre de chine à la plume de Michel Rigel 2016

Catalogue raisonné N° 3658

demeurant l'assistant de Verrocchio. Il réalisa seul son premier tableau : *La Madone à l'œillet* qui représente Marie, debout un œillet à la main, et l'enfant Jésus assis sur un coussin, semblant être attiré par la fleur.

Chapitre IV

L'ACADEMIE DE LEONARD

En 1478, Léonard de Vinci décida de quitter l'atelier de Verrocchio afin de créer son propre atelier pour réaliser des tableaux religieux et des portraits. Très rapidement il fit parler de lui et l'ambassadeur de Venise à Florence lui commanda le portrait de Ginevra de' Benci pour qui il nourrissait un amour platonique.

Décaèdre ésotérique par Michel Rigel

Dessin encre de chine à la plume 2013

Catalogue raisonné N° 1377

Ensuite Léonard réalisa *Saint Jérôme* qui dépeint la pénitence du moine Jérôme de Stridon dans le désert, tableau qui restera inachevé, puis *La Vierge, l'Enfant Jésus et sainte Anne*, une peinture à l'huile sur bois. Aux alentours de 1490, Léonard de Vinci créa une académie qui porte son nom. Tout en travaillant à son œuvre, il donnait des cours mais cela ressemblait plutôt à des réunions de travail entre hommes, discourant sur l'art de trouver ensemble des idées novatrices. Très peu de documents subsistent de cette académie et de ce qui s'y passait réellement. Quelque chose de mystérieux plane au-dessus de ces réunions et on peut seulement dire que ces colloques ont été à l'origine de l'école milanaise.

Léonard commença vers l'âge de vingt-six ans à transcrire ses observations et ses dessins, ce qu'il fit jusqu'à la fin de sa vie. On compte, malgré tous les manuscrits disparus, quelques quinze mille pages de textes ! Léonard s'efforçait sans cesse de noter sur des carnets ses observations concernant le monde qui l'entourait. Il se disait avec fierté « omo sanza lettere », homme dépourvu de lettres, car bien qu'autodidacte il était conscient de l'étendue de ses connaissances et faisait preuve d'une grande lucidité à propos des phénomènes de la nature souvent éloignés de ce que l'on enseignait à l'époque.

Léonard donna des cours dans son académie et rédigea une encyclopédie sur l'art du dessin qui demeure la plus importante de ses publications.

La Montagne du Cygne

Sur les marchés populaires où il aimait se promener, il achetait parfois des oiseaux qu'il libérait après avoir étudié leur vol. Il construisit ensuite des automates, des oiseaux et des animaux mécaniques qu'il utilisa pour distraire la cour de Laurent le Magnifique, où il fut plus apprécié en tant qu'ingénieur qu'en tant que peintre. Il proposa aussi une étude pour canaliser l'Arno mais son projet fut refusé.

Il avait la particularité d'écrire de la main gauche en commençant sa ligne par la droite et en écrivant à l'envers. Pour le lire plus facilement il fallait se servir d'un miroir. Ce procédé était sans doute utilisé pour protéger ses inventions, une sorte de copyright avant l'heure. Il était aussi ambidextre pouvant écrire ou dessiner aussi bien de la main droite que de la main gauche.

Léonard appliqua son génie créatif à l'art et notamment à la peinture. De l'œuvre picturale de cette époque où il commence à se faire un nom, on retiendra *L'Adoration des Mages*, une huile sur bois peinte vers 1481, restée inachevée et exposée aujourd'hui dans la galerie des Offices de Florence : elle représente les trois Rois Mages, Balthasar, Melchior et Gaspard, se prosternant devant la Vierge et l'Enfant Jésus. On notera également *La Vierge aux rochers* dont il existe deux versions : la plus ancienne réalisée entre 1483 et 1486 que l'on peut admirer au musée du Louvre à Paris, et la seconde peinte en 1507 et 1508 qui est conservée à la National Gallery de Londres.

La Montagne du Cygne

Ces huiles sur panneau représentent le mystère de l'incarnation à travers les figures de la Vierge Marie, du Christ et de saint Jean-Baptiste.

Chapitre V

LES SFORZA

Le travail de Léonard de Vinci commençait à être reconnu à Florence lorsque Laurent de Médicis, fortement impressionné par la réalisation d'une lyre argentée en forme de tête de cheval, lui demanda de se rendre à Milan afin de travailler pour l'un de ses principaux rivaux avec lequel il

Laurent de Médicis par Giorgio Vasari

Dessin encre de chine à la plume de Michel Rigel 2016

Catalogue raisonné N°3874

souhaitait maintenir de bonnes relations, le duc de Milan Ludovic Sforza.

Deuxième fils du duc Francesco Sforza qui a régné sur Milan de 1450 à 1466, Ludovic Sforza dit le More, né en 1452 à Vigevano près de Milan et mort en 1508 à Loches en France, s'est investi dans un mécénat actif en invitant à la cour ducale un grand nombre d'artistes renommés de l'époque.

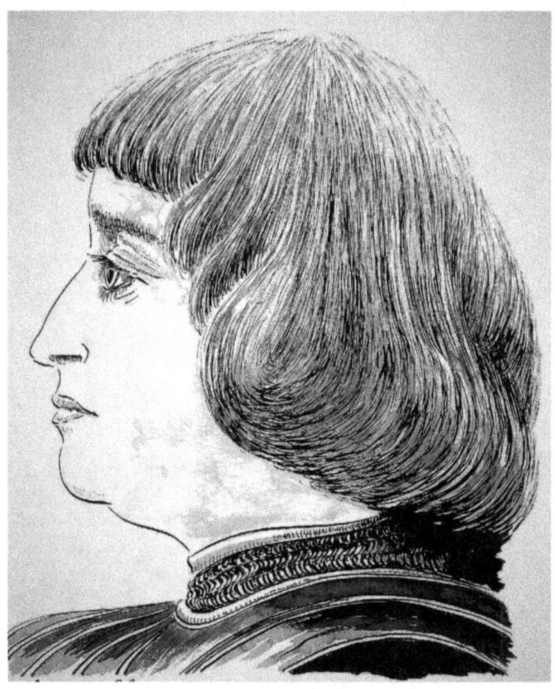

Ludovic Sforza par Giovanni Ambrogio de Predis

Dessin encre de chine à la plume de Michel Rigel 2017

Catalogue raisonné N° 4036

La Montagne du Cygne

Ludovic fut vivement impressionné lorsque Léonard lui montra la lyre, la conception novatrice de l'instrument produisait un son inhabituel qui rendait l'objet en argent rare et précieux. Léonard, se présentant comme un peintre, fit valoir ses compétences en matière d'ingénierie et fut engagé pour son aptitude à l'art sous toutes ses formes.

Ludovic Sforza employa Léonard de Vinci à des tâches très diverses. Ainsi il lui fut demandé de réaliser différents portraits à la cour milanaise dont le plus célèbre, *La Dame à l'hermine* exposée aujourd'hui au musée Czartoryski à Cracovie, représente Cecilia Gallerani la favorite de Ludovic Sforza peinte avec l'hermine qui est l'emblème du duc. Ludovic Sforza lui commanda également un tableau, *La Nativité de Notre-Seigneur*, qu'il offrit à l'empereur d'Allemagne.

Léonard organisa les fêtes au palais des Sforza avec notamment la conception des décors du mariage du neveu de Ludovic Sforza, Jean Galéas, avec Isabelle d'Aragon en 1489 et de ceux des noces de Ludovic le More et de Béatrice d'Este en 1491.

Léonard fut inscrit sur la liste des ingénieurs des Sforza. Ainsi, il fut désigné pour décorer plusieurs pièces du château du duc de Milan entre autres la sala delle Asse et la salletta Negra. Il participa à la réalisation du dôme de la cathédrale de Milan, un édifice en marbre dont il fut architecte et conseiller technique jusqu'à la fin de la construction en 1490.

Il contribua également à l'élaboration des plans de la cathédrale de Pavie en 1491 et de la place ducale de Vigevano en1492.

Il continua à faire des projets de mécaniques complexes et il fut à l'origine de différents systèmes: poulies, chaînes de transmission, roues dentées, axes, roues de friction, engrenages, vis sans fin, ressorts, manivelles, lesquels ont été adaptés pour la construction d'une multitude de machineries durant les cinq siècles suivants.

Léonard de Vinci par Michel Rigel

Dessin encre de chine à la plume et sanguine 2014
Catalogue raisonné N° 1159

Léonard étudia le corps humain et pratiqua la dissection de toutes ses parties dont il dessina les plus infimes détails. Aujourd'hui, il faudrait une radiographie pour arriver à un tel résultat. Reproduisant minutieusement muscles, organes, fœtus, ses travaux servirent en médecine à la compréhension du corps humain. Il a effectué régulièrement des dissections qu'il a transcrites dans ses dessins pour prouver ses découvertes et lui-même déclara qu'il avait étudié une trentaine de cadavres. Il avait un accord avec divers hôpitaux, en particulier l'hôpital *Santa Maria Nuova* à Florence, pour effectuer ses recherches sur le corps humain. Il s'entendit avec l'institution pour récupérer les dépouilles de personnes mortes récemment et dont les corps n'étaient pas réclamés.

Léonard avait coutume de dire que l'intérêt pour un artiste consistait à mieux appréhender le corps humain en pratiquant des dissections séparant minutieusement les organes des cadavres. Pour lui c'était le meilleur moyen de comprendre l'anatomie et de retranscrire ce qu'il voyait avec plus de réalisme. Il consacra dans son *Traité de la Peinture* plusieurs chapitres d'anatomie à l'étude des muscles, tendons, viscères, intestins, poumons, cœurs et os. Il privilégiait un dessin pour synthétiser le travail de dissection plutôt qu'une explication par des mots. Comment penser qu'à son époque il avait entrevu, sans l'aide d'instruments complexes dont nous bénéficions aujourd'hui, les principes fondamentaux qui approfondiront nos connaissances sur la structure de l'être humain.

Il avait pressenti que les réflexes étaient induits par la moelle épinière et non par le cerveau seul mais qu'ils pouvaient être aussi indépendants de la volonté de la personne.

Léonard de Vinci par Michel Rigel

Dessin encre de chine à la plume et sanguine 2012
Catalogue raisonné N°1164

Suite aux dissections du fœtus il a projeté l'étude de l'embryon, de sa naissance jusqu'au développement complet de l'homme et de la femme adultes, et il en a décrit l'ensemble dans un manuscrit qui prendra plus tard l'appellation de codex. Léonard rassembla toutes ses dissections dans un traité afin de permettre disait-il que « grâce à mes dessins, les personnes ne pouvant disséquer des cadavres, accèderont à cette science plus facilement ». Il avait compris ce qu'était la circulation du sang lorsqu'il disait « le cœur est un muscle principal de force, il est plus puissant que les autres muscles ». Il avait aussi saisi le rôle des ventricules.

Léonard se méfiait de la médecine et il avait coutume de dire « qui prend médecin suit un mauvais conseil ». Il préconisait de ne pas se nourrir sans appétit, de manger des aliments bien cuits, de n'absorber que les préparations les plus simples et surtout de bien mastiquer. Léonard était également végétarien avant l'heure.

Chapitre VI

LA STATUE EQUESTRE DES SFORZA

En 1482, Ludovic le More recherchant un artiste pour ériger un monument équestre en l'honneur de son illustre père Francesco, le fondateur de la dynastie des Sforza, proposa à Léonard de Vinci la construction de ce qui devait être la plus grande statue équestre du monde. Le duc de Milan voulait nommer cette statue *Il Cavallo* et l'exposer dans la cathédrale de la Nativité-de-la-Sainte Vierge de Milan, le *Duomo de Milano* .

Système d'évents avant fonte, statue de Louis XIV

Dessin encre de chine à la plume de Michel Rigel 2016

Catalogue raisonné N° 3644

Léonard consacra une dizaine d'années à établir un grand nombre de croquis préparatoires et à dessiner les plans du monument équestre tout en travaillant sur d'autres projets comme l'imposante fresque de *La Cène*. En parallèle à la réalisation des esquisses, il peaufina son nouveau principe d'élaboration du moule, car celui-ci était de dimension colossale pour une fonte en bronze, le moule de coulage pour une sculpture étant toujours plus important que la sculpture elle-même. Son travail sera une source d'inspiration pour les sculpteurs et fondeurs qui ont utilisé ses découvertes deux siècles plus tard pour la

Étude de chevaux par Léonard de Vinci

Dessin encre de chine à la plume et sanguine de Michel Rigel 2016
Catalogue raisonné N° 3758

statue de Louis XIV. Léonard voulait faire oublier toutes les statues équestres précédemment réalisées notamment la *Statue du Colleone* de Verrocchio. Le cheval, posé sur les membres postérieurs dans une position cabrée, devait mesurer pas moins de sept mètres de haut sans compter la tête du cavalier. Léonard étudia avec soin les problèmes qui en résulteraient pour l'élaboration du moule, en effet ce dernier devait avoir une forte armature et être soutenu par des tirants associés à d'énormes arcs-boutants.

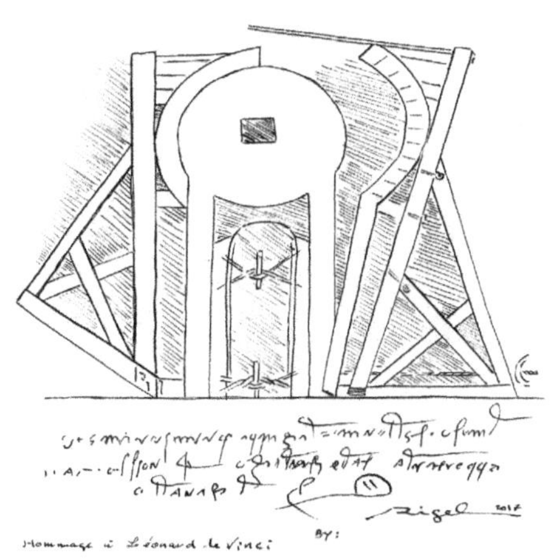

Moule de coulage du cheval des Sforza

par Léonard de Vinci

Dessin encre de chine à la plume de Michel Rigel 2017

Catalogue raisonné N° 3935

Léonard était conscient que le contre-moule puis l'énorme flux généré par la fonte lui causeraient d'importantes difficultés. Il pensait couler le bronze dans le gigantesque moule du cheval en une seule fois, en ayant au préalable retourné le contre-moule. Dans ses croquis préparatoires, il dessina un réseau complexe de canaux d'évacuation d'air, avec une multitude d'évents, qui ressemblait plutôt aux vaisseaux sanguins du corps humain qu'à un réseau d'évacuation traditionnel. Ce réseau d'évents devait servir à l'évacuation rapide des gaz générés par la fonte en fusion afin d'éviter l'explosion.

La Montagne du Cygne

En 1491, Léonard acheva enfin le modèle original en argile qui devait servir ensuite à la confection du moule.

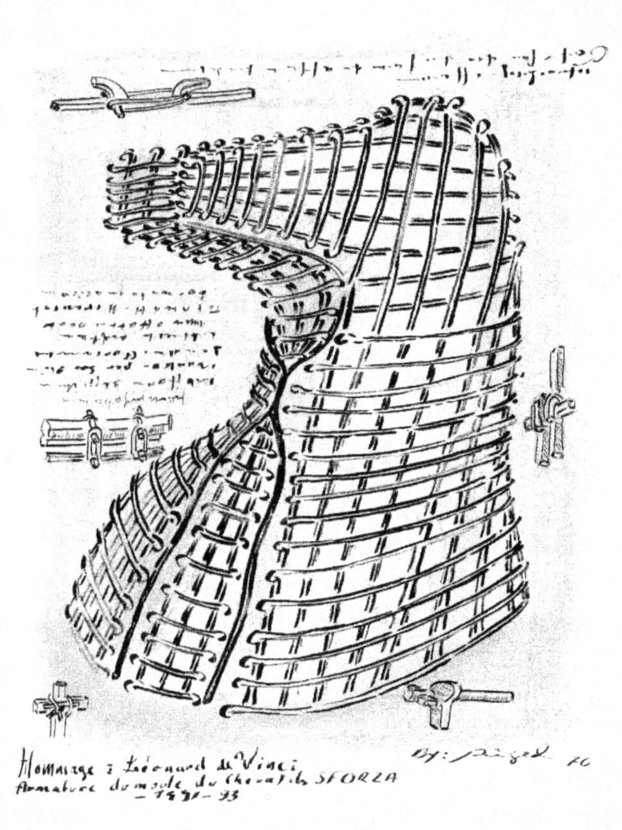

Armature du moule du cheval des Sforza

par Léonard de Vinci

Dessin encre de chine à la plume de Michel Rigel 2016

Catalogue raisonné N° 3652

Dans un système que l'on appelle fonte à la cire perdue, le bronze doit prendre la place de la cire entre le noyau et le moule. Léonard avait conçu un système similaire mais plus complexe et il décida de réaliser la fonte de ce cheval, décidément trop grand, en plusieurs parties.

En 1494, la statue en argile fut présentée lors du mariage de la nièce du duc de Milan, Blanche-Marie Sforza, avec l'empereur Maximilien d'Autriche, cérémonie au cours de laquelle le cheval du haut de ses sept mètres fit forte impression auprès du public.

Léonard précisa alors les moyens que l'on devait utiliser pour transporter le moule jusqu'à la fosse afin de couler le bronze et il écrivit : « J'ai décidé de mouler le cheval sans la queue en le couchant sur le côté. »

Il fallait cent tonnes de bronze pour réaliser la statue, ce qui ne s'était jamais vu auparavant, mais Léonard fut consterné lorsque le bronze lui fut retiré. On était en guerre contre les Français et Ludovic Sforza fut contraint de faire fondre le bronze destiné à la fabrication du cheval pour en faire des canons. Le cheval ne fut jamais coulé et l'original en argile eut une triste fin en 1499 lorsque des archers de Louis XII s'en servirent pour cible. L'argile était fragile et le cheval se désintégra complètement sous les tirs soutenus des flèches. Ludovic le More fut chassé de son palais et le moule, prenant énormément de place et devenu sans intérêt pour la noblesse en place, fut définitivement anéanti. De son côté, Léonard retourna à Florence pour terminer son projet de canalisation de l'Arno qu'il avait dans l'idée de rendre navigable de Florence à Pise.

Chapitre VII

LEONARD ESPRIT VISIONNAIRE

Léonard de Vinci avait pleinement conscience de l'univers qui l'entourait et il était bien en avance sur son temps, même si la plupart de ses recherches sont passées inaperçues aux yeux de ses contemporains.

Buste de Cléopâtre par Michel-Ange

Dessin encre de chine à la plume de Michel Rigel 2015

Catalogue raisonné N° 3466

Léonard était un véritable esprit visionnaire. Ainsi, bien avant Copernic, il avait pressenti et théorisé le mouvement de circonvolution de la terre en vingt-quatre heures. Dans un autre texte, il mit en évidence l'immobilité du soleil à l'opposé de toutes les théories en vigueur à son époque.

Dans le domaine des sciences de la mécanique, Léonard fut le précurseur d'un grand nombre de découvertes primordiales. Il inventa, entre autres, un dynamomètre pour déterminer le rapport entre la force musculaire d'un animal et son poids, ce principe sera d'ailleurs adapté bien plus tard pour des machines plus complexes. Bon nombre de ses inventions qui resteront oubliées pendant des siècles, s'avéreront par la suite des idées géniales et engendreront d'autres découvertes issues des siennes. Ainsi par exemple son scaphandre autonome qui avait toutes les caractéristiques de base des scaphandres d'aujourd'hui sachant qu'à l'époque, il ne voulut pas dévoiler certains éléments clés de son invention, pour éviter la mort injuste des marins.

De la même façon, quand on parle des premiers vols humains, on cite souvent les pionniers américains de l'aviation, les frères Wright, qui déclarent avoir effectué leur premier vol en 1903, en oubliant que c'est le Français Clément Ader qui fit décoller son avion l'*Éole I* de quelques mètres en 1890, un petit saut mais une grande avancée pour l'humanité. Il faut se souvenir que Léonard a œuvré dans cette direction en construisant le premier engin volant piloté par un homme, ainsi l'inventeur n'est pas celui qui a fait quelques mètres de plus mais bien celui qui en a eu l'idée le premier.

De même, Léonard de Vinci fut le précurseur de la puissance à vapeur, les premiers personnages cités pour cette découverte étant Denis Papin et James Watt alors que l'on peut trouver au musée de Valenciennes un dessin de Léonard représentant un tournebroche mû par la vapeur. Il avait compris la force de l'air dans un mouvement ascensionnel généré par le feu.

Machine de guerre à 16 arbalètes par Léonard de Vinci

Dessin encre de chine à la plume et sanguine de Michel Rigel 2016

Catalogue raisonné N° 3656

La Montagne du Cygne

Léonard œuvra aussi dans le domaine de la géologie. Il se promenait souvent dans les montagnes pour observer la nature, découvrant des coquillages fossiles sur les points les plus hauts.

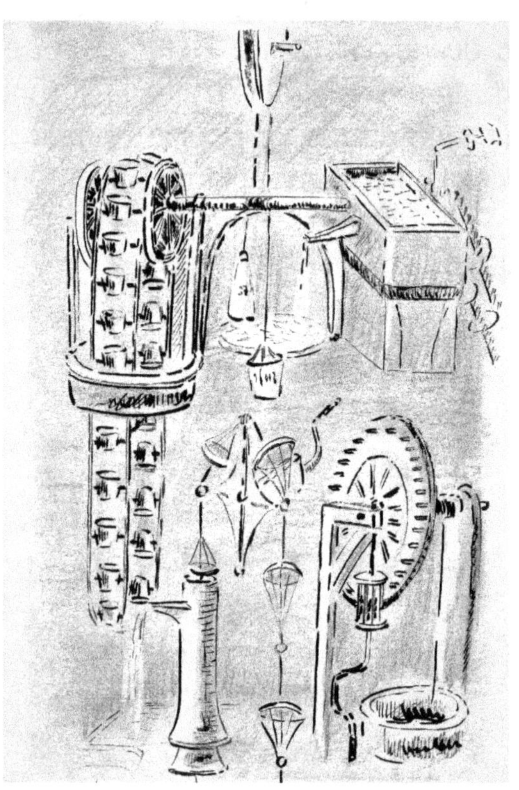

Études hydrotechniques par Léonard de Vinci

Dessin encre de chine à la plume et sanguine de Michel Rigel 2016

Catalogue raisonné N° 3655

Certains scientifiques de l'époque soutenaient que ces coquillages avaient été apportés par le déluge. Léonard déclarait, lui, que ces mollusques n'avaient rien à voir avec la montée des eaux du déluge car ils étaient tous, au même niveau, disposés en strates sur la croûte terrestre. A ceux qui prétendaient que c'étaient les vagues qui les avaient transportés, il argumentait que les coquillages, de par leur poids, restaient au fond des océans et qu'ils étaient bien à cet endroit auparavant.

Étude double grue tournante par Léonard de Vinci

Dessin encre de chine à la plume et sanguine de Michel Rigel 2016

Catalogue raisonné N° 3646

Léonard de Vinci inventa un grand nombre de machines pour aider les ouvriers et les artisans ainsi, une machine à usiner le fer pour le couper, le polir, l'étirer et le tordre ; ou encore une machine à dégrossir les blocs, qu'il avait adaptée à la taille du cristal de roche pour les sculpteurs et les tailleurs de pierre, ou également un hachoir pour la viande que l'on pouvait utiliser sans effort. Il imagina toutes sortes de systèmes pour faciliter le déplacement des charges lourdes. Dans un de ses dessins, on peut voir une machine composée d'un monte-charge, avec un bœuf dans une cage que l'on essaye d'élever à l'aide du contrepoids constitué d'un chargement de pierres, le tout actionné par une grue.

Les systèmes hydrauliques qu'il découvrit lui permirent d'adapter des mécanismes plus élaborés pour faire fonctionner les écluses des canaux.

Il a sans doute puisé certaines de ses idées dans les écrits des Grecs et des Romains. Il avait comme maître à penser Archimède, dont il a sûrement lu la biographie dans *Les Vies parallèles des hommes illustres* écrites par Plutarque. En 1502, il était au service de César Borgia lorsqu'il demanda à l'un de ses capitaines de récupérer le traité d'Archimède auprès de l'évêque de Borgo ; ce traité constituant l'une des plus grandes avancées de la géométrie.

Chapitre VIII

LES MACHINES DE GUERRE

Léonard de Vinci projeta la fabrication d'un grand nombre de machines de guerre dont le principe sera repris beaucoup plus tard. Il dessina notamment des engins militaires pour attaquer ou défendre les châteaux forts.

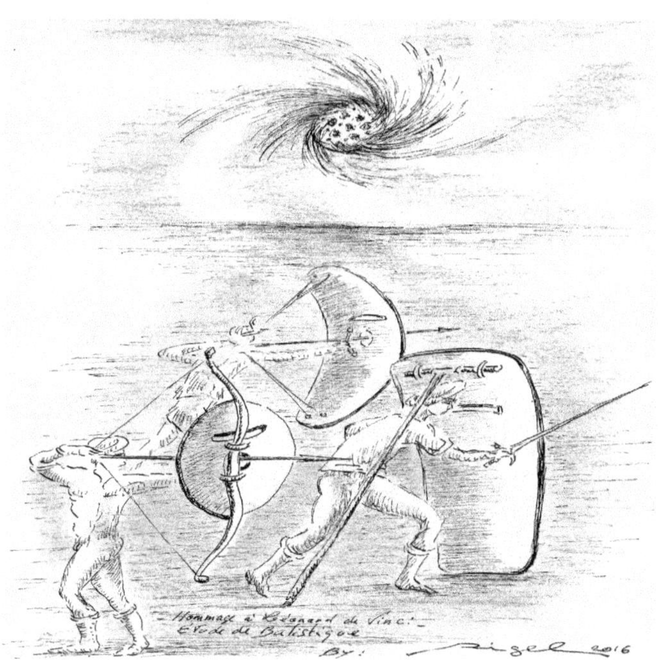

Étude de balistique par Léonard de Vinci

Dessin encre de chine à la plume et sanguine de Michel Rigel 2016

Catalogue raisonné N° 3650

On peut voir dans ses dessins des archers munis d'un bouclier individuel avec une lucarne pour voir l'ennemi tout en se protégeant, le bouclier qui sert de point de fixation étant associé à un arc. Ou encore cette machine tournante mécanisée avec seize arbalètes sur une roue tirant ses flèches les unes après les autres, en fait le principe des mitrailleuses modernes. D'ailleurs en 1503, il reprendra le procédé avec un canon à plusieurs affûts, fixe ou mobile, tirant en rafales.

Mortier pour une bataille navale par Léonard de Vinci

Dessin encre de chine à la plume de Michel Rigel 2017

Catalogue raisonné N° 4015

La Montagne du Cygne

Ces idées sont plutôt novatrices à l'époque, mais elles seront peu souvent mises en pratique sur les champs de bataille, bien que certaines d'entre elles aient été exploitées jusqu'aux guerres du XIXe siècle comme sa proposition d'asphyxier les assiégés avec un mélange de fumée et de soufre.

Projet de char blindé par Léonard de Vinci

Dessin encre de chine à la plume de Michel Rigel 2017

Catalogue raisonné N° 3953

Plus près de nous, lorsque certains dessins furent reproduits sur ordinateur, il s'avéra qu'ils étaient proches de la perfection. Par exemple, le char d'assaut de forme conique avec des lucarnes dans sa périphérie laisse apparaître l'affût des canons, le tout monté sur des roues, le rendant très mobile, lui permettant de tourner et de tirer dans toutes les directions. Léonard est aussi à l'origine d'un bateau à aubes, d'un pont à deux niveaux et également d'un pont transportable, ce dernier système étant repris des siècles plus tard par les troupes américaines lors de la Seconde Guerre mondiale.

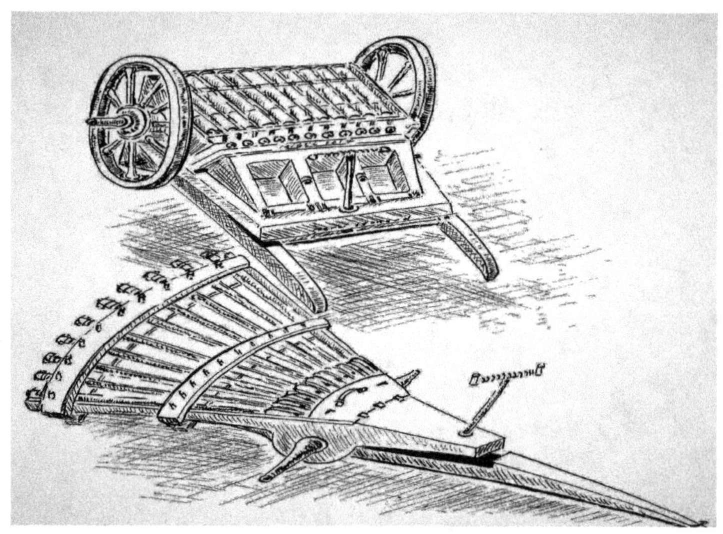

Orgues d'artillerie par Léonard de Vinci

Dessin encre de chine à la plume de Michel Rigel 2017

Catalogue raisonné N°3959

La Montagne du Cygne

Léonard réalisa l'étude d'un scaphandre autonome avec un masque, composé d'une outre en peau pour respirer et d'un filtre en liège, et il déclara : « Eu égard à la méchanceté des hommes, je ne publie ou ne divulgue pas le moyen que j'ai découvert pour rester sous l'eau, car ils s'en serviraient pour commettre des assassinats au fond de la mer en détruisant les vaisseaux et en les faisant couler, eux et ceux qui les montent. »

Projet de scaphandre autonome par Léonard de Vinci

Dessin encre de chine à la plume de Michel Rigel 2017

Catalogue raisonné N° 3962

Léonard établit également les plans pour la défense d'une forteresse: plusieurs batteries de canons d'artillerie enterrées devant projeter de la grenaille et des pierres sur les assaillants par-dessus les remparts. Il eut aussi l'idée de charger les canons par la culasse, des canons enterrés dans des silos, cette idée ayant été reprise quatre siècles plus tard pour les premières fusées de l'armée allemande.

Canons et cabestans par Léonard de Vinci

Dessin encre de chine à la plume de Michel Rigel 2016

Catalogue raisonné N° 3642

Que dire aussi de cette bombarde lançant des projectiles qui explosaient avant de tomber au sol en libérant d'autres projectiles et ainsi il avait inventé la première bombe à fragmentation, innovation qui sera largement utilisée plus tard par les armées modernes.

Dans un de ses manuscrits qui figure aujourd'hui dans la bibliothèque de l'Institut de France à Paris, Léonard dessina une machine en cuivre nommée l'architonnerre dont le principe consistait à produire de la vapeur en versant de l'eau sur le cuivre surchauffé, la pression propulsant alors le boulet vers l'extérieur.

Dans le *Codex Atlanticus*, Léonard expliqua comment construire un appareil destiné à connaître la densité de l'air afin de prévoir l'arrivée de la pluie; cet instrument était composé d'un cadran avec des graduations et une aiguille mobile.

L'optique l'a toujours passionné; ainsi, un jour, Léonard se trouvant dans une tour sans fenêtres aperçut face à lui un trou laissant passer la lumière, il fut surpris de voir le paysage, face à ce trou, se refléter sur le mur opposé, l'image étant inversée. Il avait découvert le principe de la chambre noire qui fut appelée en son temps: la *camera obscura* .

Certains plans de ses inventions sont restés au stade de concept sans déboucher sur des réalisations concrètes. Mais quelques-uns de ces systèmes complexes ont été fabriqués avec de légères modifications en utilisant les matériaux de son temps et cela a fonctionné. Les répliques de quelques prototypes de machines sont notamment exposées au Clos Lucé où Léonard de Vinci a fini ses jours.

L'œuvre de Léonard a toujours suscité la curiosité de multiples savants et chercheurs qui ont étudié ses écrits à la recherche de secrets. Une partie de ses manuscrits demeurent toujours incompris et beaucoup restent encore à découvrir. Ce travail très important comporte plusieurs milliers de pages et traite de la physique comme l'élasticité des matériaux, l'action de la chaleur, la fusion, l'optique, l'acoustique, le magnétisme. Bien avant Pascal il avait établi que, dans deux récipients communicants quelles que soient leurs formes, et reliés entre eux à la base, le contenu s'équilibre en restant au même niveau.

Les recherches relatives à la physique qu'il mena, comme son curieux traité des mouvements des eaux et son traité sur les fluides, sont tout aussi novateurs, des lois finalisées ensuite par Galilée, d'Alembert et Boyle. Les ingénieurs de notre époque ont bien souvent planché sur ses projets sans parvenir à les réaliser. Léonard utilisait déjà une sorte de copyright en inversant son écriture et certains éléments de ses machines sont volontairement mis à l'envers ou sont tout simplement absents afin d'en interdire toute fabrication.

Chapitre IX

LES MACHINES VOLANTES

Les carnets de Léonard de Vinci contiennent des centaines de croquis sur le vol des oiseaux. En adaptant ce qu'il voyait concernant les volatiles pour le transposer dans ses projets de machines, il avait inventé, avant l'heure, la rétro-ingénierie qui consiste à étudier un objet afin d'en déterminer le fonctionnement interne.

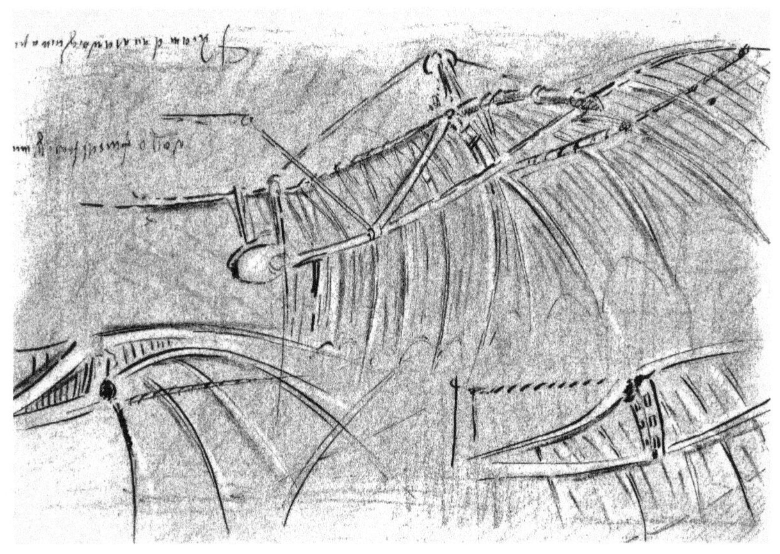

Étude d'ailes articulées par Léonard de Vinci

Dessin encre de chine à la plume et sanguine de Michel Rigel 2016

Catalogue raisonné N° 3648

La Montagne du Cygne

Léonard a constamment été fasciné par le vol des oiseaux, il a étudié en détail leurs caractéristiques qu'il a ensuite transcrites dans un manuscrit de dix-huit folios.

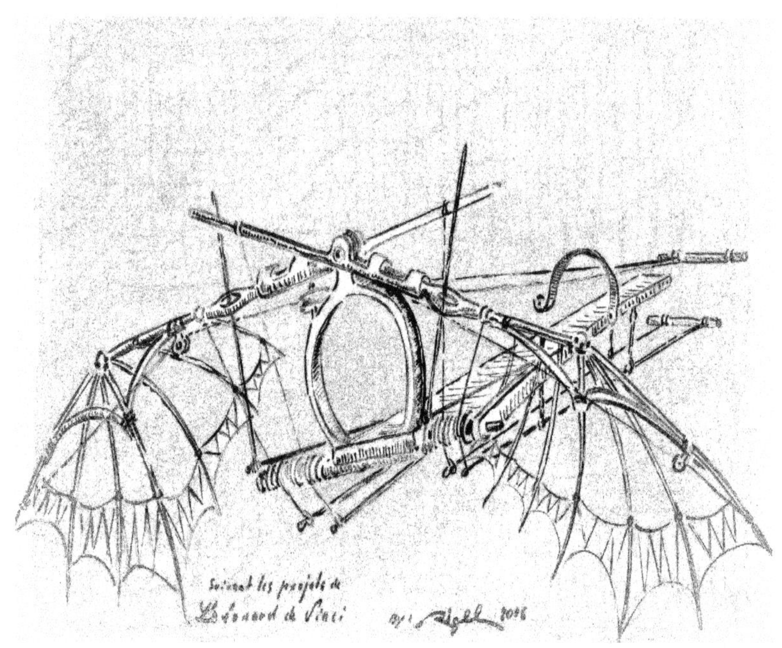

Ailes articulées par Michel Rigel suivant un projet

de Léonard de Vinci

Dessin encre de chine à la plume et sanguine 2016

Catalogue raisonné N° 3654

La Montagne du Cygne

Il a été colporté une histoire retraçant l'enfance de Léonard qui, nouveau-né, était dans son berceau quand, tout à coup, un milan noir atterrit sur le bord de celui-ci. L'oiseau sauta sur la poitrine de l'enfant, passant les plumes de sa queue entre ses lèvres, lui donnant des coups de bec, et s'envola sans le blesser.

Appareil volant par Michel Rigel suivant un projet de Léonard de Vinci

Dessin encre de chine à la plume et sanguine 2016

Catalogue raisonné N° 3657

Sigmund Freud délivra une étonnante analyse de l'histoire de l'oiseau. Il interpréta les rêves de Léonard en comparant la disparition précoce de sa mère avec le frôlement de l'oiseau sur ses lèvres qui le détournait du sein maternel. Le maître de la psychanalyse y décela aussi le fait d'être gaucher ainsi que la particularité de son écriture spéculaire. Cette péripétie hanta longtemps Léonard qui resta tout au long de sa vie poursuivi par cette image et ne cessa d'essayer de reproduire le vol des oiseaux.

Léonard de Vinci par Michel Rigel

Dessin encre de chine à la plume et sanguine 2016

Catalogue raisonné N° 3481

Léonard était très observateur, il notait méticuleusement ce qu'il voyait pour le transposer sur ses machines. Il présagea l'axe et l'hélice de l'hélicoptère dans un de ses engins volants en observant une graine de tilleul qui tombe d'un arbre en tourbillonnant.

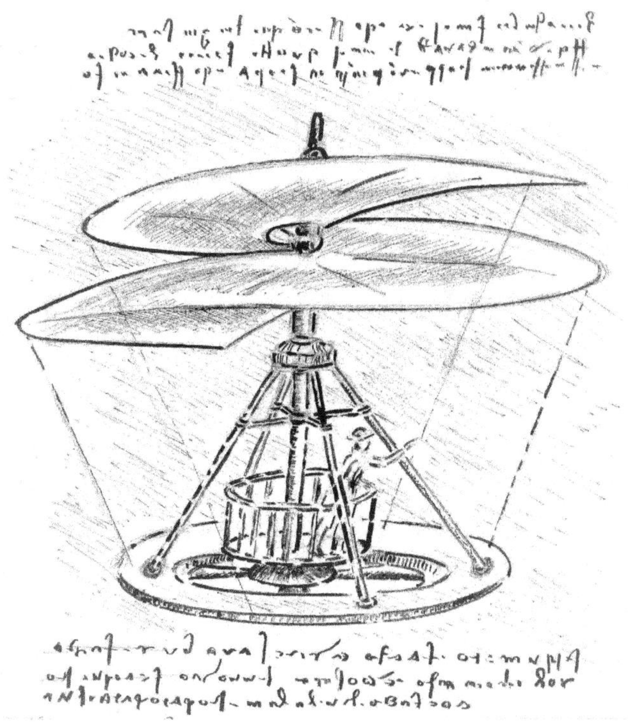

Vis aérienne par Léonard de Vinci

Dessin encre de chine à la plume de Michel Rigel 2016

Catalogue raisonné N° 3643

On pense que Léonard avait volontairement introduit dans ses projets de machines des erreurs de conception, on constate qu'il oubliait des pièces ou inversait certains des éléments dans ses dessins pour éviter que ses inventions ne soient copiées. Il a procédé de la même façon dans ses notes en écrivant de droite à gauche allant même jusqu'à écrire des mots à l'envers au milieu d'une phrase. Malgré ces embûches, plusieurs de ses inventions ont été réalisées en grandeur nature, tenant compte de ses notes et des matériaux pressentis.

C'est une constante chez Léonard : le dessin engendre l'idée. Il observe la nature jusqu'à l'infiniment petit, il dissèque le corps humain dans ses moindres détails pour mieux comprendre les phénomènes physiques. Il dessine régulièrement ce qu'il voit, il réalise toujours beaucoup de croquis préparatoires et sa pensée graphique en préfigure d'autres plus élaborés. Il y a dans sa démarche une phase de transition entre la pensée et la réalisation qui engendre la machine. L'invention de l'artiste rejoint et concrétise bien souvent le travail du scientifique.

C'est en regardant le monde qui l'entoure et en le copiant que Léonard, de sa main qui dessine ce qu'il voit, comprend les mécanismes complexes de la nature et en théorise les effets. Il commença par étudier le vol des oiseaux, en essayant de reproduire leurs ailes. Il concrétisa ses études par différents projets de machines volantes ainsi, dans ses carnets de croquis, on peut voir des engins munis de chaises pour le pilote et d'autres dont les ailes devaient être actionnées par un être humain. Il en avait calculé les dimensions pour pouvoir soutenir

L'Éole III de Clément Ader par Michel Rigel

Dessin encre de chine à la plume 2017

Catalogue raisonné N° 3957

le poids d'un homme. Il croyait avoir résolu la répartition des masses et avait imaginé un engin volant avec les matériaux les plus légers de son temps, pour se rapprocher des oiseaux dont il avait observé et dessiné scrupuleusement les phases de vol. Le pilote, attaché à la machine volante par un harnais, devait faire fonctionner l'engin avec ses mains en tirant sur les ailes pour les lever ou les baisser tout en pédalant en même temps avec ses pieds. Le futur lui a donné raison et des corps plus lourds que l'air ont décollé comme l'avion de Blériot mais ils étaient trois fois plus légers que la machine volante de Léonard.

Léonard avait conçu un système d'entraînement pour le battement des ailes de sa machine au moyen de mécanismes déjà testés dans les différents engins terrestres qu'il avait imaginés. Il copia au plus près les oiseaux avec des rémiges en bois et les ailes furent recouvertes de toiles. Il abandonna par la suite les ailes des oiseaux et modifia ses plans pour copier celles des chauves-souris en adoptant leur battement qui était différent de celui des oiseaux.

Clément Ader reprit quatre cents ans plus tard la même configuration pour son avion aux ailes de chauve-souris et, entre 1890 et 1897, il construisit trois appareils : l'*Eole I* qu'il finança lui-même, puis le *Zéphyr* ou *Eole II* et enfin l'*Aquilon* ou *Eole III*, ces deux derniers engins, financés sur des fonds publics, furent finalement abandonnés faute de moyens.

La Montagne du Cygne

Léonard poursuivait inlassablement sa recherche pour permettre à un homme de s'élever dans les airs. Il projetait de construire une vis volante et, dans son dessin, le passager se tenait debout sur un socle avec au centre un axe sur lequel tournait une vis sans fin qui devait permettre à l'engin de s'élever comme un hélicoptère. Léonard avait écrit sous son dessin: « Si cet instrument est bien construit et si l'on fait tourner l'hélice rapidement, l'appareil se lèvera très haut dans les airs. »

Dans la bibliothèque de l'Institut de France, un manuscrit prouve qu'il fut à l'origine d'une idée de propulsion à hélice, on peut voir dans un de ses dessins une large hélice tourner autour d'un axe. Il a aussi pensé à utiliser cette force pour ses engins volants, construisant des maquettes en papier mues par des hélices libres.

Plusieurs de ses projets de machines ont été réalisés de nos jours. L'aile volante, ou aile delta, a été construite en gardant les plans d'origine de Léonard, les mêmes proportions, les mêmes matériaux, et elle a permis de s'élever dans les airs en prenant de la vitesse du haut d'une colline. Une légère modification a été faite pour le confort du passager. L'aile delta a été pressentie pour faire amerrir les premières capsules des vols *Apollo* mais on lui a préféré ensuite le parachute.

Léonard a aussi inventé le parachute, appareil qui n'a jamais été construit à son époque.

La Montagne du Cygne

Pourquoi a-t'il pensé à cela ? Sans doute toutes ses expériences dans les airs l'emmenèrent à concevoir un moyen pour se dégager de situations périlleuses et il conçut un accessoire de secours en cas de chute: le parachute.

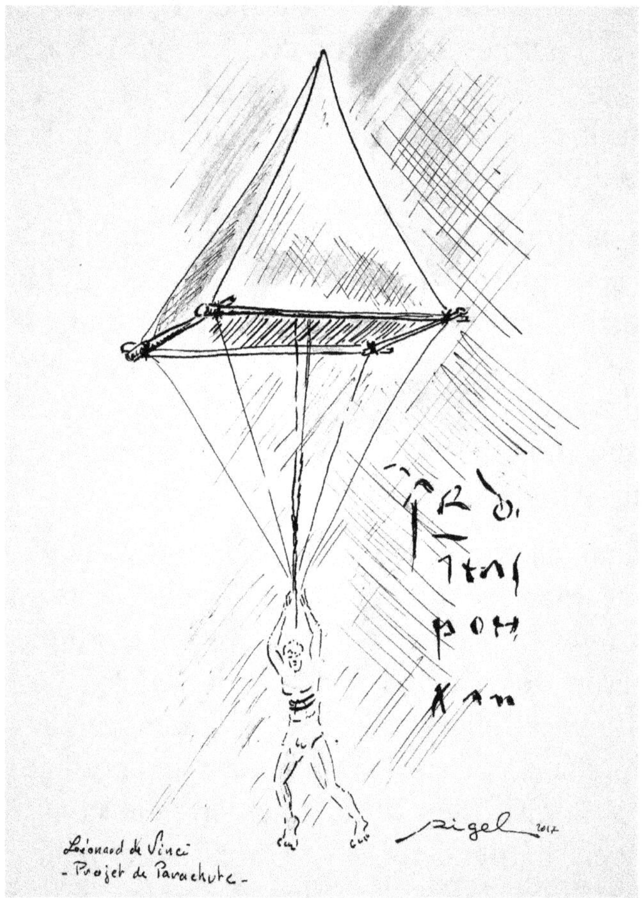

Projet de parachute par Léonard de Vinci

Dessin encre de chine à la plume de Michel Rigel 2017

Catalogue raisonné N°3961

La Montagne du Cygne

Au XXe siècle, un passionné s'est lancé dans la fabrication du parachute de Léonard en suivant à la lettre ses plans et en utilisant les mêmes matériaux que ceux qu'il avait mentionnés dans ses carnets lorsqu'il écrivait : « Si un homme a un pavillon (1) de toile empesée, dont chaque face aurait douze aunes de large à la base et au carré, sur douze de haut, et qui serait maintenue au point le plus bas, par quatre morceaux de bois. L'homme devrait se tenir attaché par des cordes au-dessous de l'engin. Il pourrait se jeter de quelque hauteur que ce soit, sans craindre le danger. »

Le parachute tel que Léonard l'avait conçu a été testé en l'an 2000. Il ne se pliait pas; il fut lancé complètement ouvert à partir d'une montgolfière en équipant au préalable le pilote d'un parachute de secours : l'essai fut concluant.

(1) : en forme de pyramide

Chapitre X

LA CENE

Désireux de faire de l'église *Santa Maria della Grazie* de Milan le mausolée des Sforza, Ludovic le More commanda à Léonard de Vinci une fresque pour décorer le réfectoire du couvent dominicain de l'église.

Étude pour La Cène : Judas par Léonard de Vinci

Sanguine de Michel Rigel 2016

Catalogue raisonné N° 3659

La Montagne du Cygne

Le duc de Milan venait souvent se recueillir dans la chapelle où il aimait s'entretenir avec les dominicains et il voulait faire de ce lieu son oratoire familial. Celle-ci était une grande salle voûtée rectangulaire de neuf mètres de large par trente-cinq de long.

Léonard proposa son projet, *La Cène*, une peinture murale à la détrempe de 460 x 880 cm représentant le dernier repas de Jésus entouré de ses douze apôtres, le jeudi saint, veille de sa crucifixion.

Léonard, qui à ce moment-là poursuivait ses études sur la perspective, a si bien utilisé cette technique que la fresque qui devait orner le mur du fond de la chapelle donna l'impression d'une profondeur en s'intégrant en trompe-l'œil dans les lieux, comme une pièce supplémentaire. Les moines eurent ainsi l'illusion de prendre leurs repas dans la même salle que le Christ et ses apôtres !

Léonard aimait venir travailler sur la fresque pour échapper à la forte chaleur extérieure sous le soleil italien mais aussi pour varier ses activités car il œuvrait toujours à la statue équestre *Il Cavallo*. Il passait de longues heures à étudier la disposition des personnages et il réalisa une multitude d'études de visages en prenant pour modèle les ouvriers qui passaient dans son atelier. Il composa une étude préliminaire et nota dans un carnet de croquis:

« L'un d'eux a bu et repose sa coupe, un autre joint les doigts, un troisième, mains ouvertes, hausse les épaules. » Dans cette peinture, Jésus annonce aux douze apôtres la trahison prochaine et leur dit que l'un d'eux le livrera. Léonard écrivit dans son *Traité de la Peinture:*« Un bon peintre doit représenter deux choses primordiales, la personne, mais aussi son état d'esprit. »

Étude pour La Cène: Pierre par Léonard de Vinci

Dessin encre de chine à la plume de Michel Rigel 2016

Catalogue raisonné N° 3653

La Montagne du Cygne

Léonard travaillait souvent du matin au soir sans s'arrêter, oubliant quelquefois de manger. Il laissait parfois son ouvrage pendant plusieurs jours, puis revenait contempler la fresque pendant des heures sans toucher à ses pinceaux, pour évaluer son travail et corriger les imperfections. Il repartait ensuite pour se consacrer au cheval des Sforza.

Léonard de Vinci par Michel Rigel

Dessin encre de chine à la plume 2017

Catalogue raisonné N° 4145

La Montagne du Cygne

Il travailla presque sans interruption pendant quatre années, de 1495 à 1498. La conception de la fresque et son élaboration furent si novatrices qu'elles révolutionnèrent la peinture dans le monde occidental. L'œuvre monumentale surprend par ses dimensions : les personnages font près de deux mètres de haut !

Étude pour La Cène : Jacques le Majeur et dessin d'architecture par Léonard de Vinci

Dessin encre de chine à la plume et sanguine de Michel Rigel 2016

Catalogue raisonné N° 3766

Le prieur des dominicains passait tous les jours devant la fresque et, impatient, il harcelait Léonard pour l'accélération des travaux. Il finit par se plaindre à Ludovic Sforza de la lenteur d'exécution de l'œuvre.

Léonard, convoqué par le duc de Milan, se défendit en évoquant sa recherche de modèles pour les visages de Judas et du Christ. Pour le premier sujet, il déclara ne pas trouver un personnage ayant assez de bassesse et de cruauté pour expliquer la trahison. Pour le second, il ne trouvait pas un être ayant une telle divinité et il ne pouvait concevoir sa céleste beauté. Mais Léonard affirma que, si le prieur continuait à le gêner, il lui servirait de modèle pour le visage de Judas. Il considéra la fresque terminée en 1498, laissant partiellement le visage du Christ inachevé.

Léonard, ne se satisfaisant pas des méthodes traditionnelles et toujours à la recherche de nouveaux systèmes pour peindre, n'utilisa pas la peinture à la fresque habituelle « de la couleur aux pigments minéraux avec de l'eau que l'on applique sur le plâtre encore humide, la peinture est absorbée par le plâtre et se fixe durablement ». Il mit en œuvre une nouvelle préparation de fond sur le mur pour peindre sa fresque en adoptant un mélange « de tempéra et d'huile », une mixture mal adaptée aux revêtements de plâtre. Il déposa au préalable une couche de stuc, ce procédé lui permettant de prendre son temps ensuite pour appliquer la peinture. Cette innovation sera plus tard fatale à la conservation de la fresque et celle-ci se dégradera rapidement en partie à cause de la buée due à l'humidité ambiante du prieuré. Des boursouflures apparurent et la peinture s'écailla par endroits. Cinquante ans plus tard, elle se révélera très dégradée. Ce n'est qu'en 1726 qu'un artiste effectuera une très mauvaise restauration, ne laissant de la peinture d'origine que le ciel. L'impensable fut atteint lorsque les dominicains ouvrirent une porte au milieu de la fresque masquant les pieds du Christ !

En 1499, l'armée française vainquit les troupes de Ludovic Sforza et occupa Milan. Léonard quitta la ville et se réfugia à Mantoue puis à Venise.

A la fin de la même année, à l'approche des armées de Louis XII, Ludovic Sforza envoya ses deux fils en Allemagne puis il quitta Milan en septembre, emportant quatre cent mille ducats et une grosse collection de perles.

En 1500, à la demande d'Isabelle d'Este, Léonard se rendit à Mantoue pour réaliser son portrait.

Prisonnier des Français, Ludovic le More fut conduit à Suse puis à Lyon sous escorte de deux cents archers pour être transféré au château du Lys-Saint-Georges dans le Berry et donné en garde à un gentilhomme du nom de Gilbert Bertrand. Quatre années plus tard, Louis XII, avec la cruauté qu'on lui connaît, fit enfermer Ludovic à l'intérieur du donjon de Loches en Touraine dans le plus pur dénuement, sans même lui permettre de se servir d'encre et de plumes. L'infortuné y expira le 27 mai 1508 à l'âge de cinquante-six ans. Léonard fut profondément choqué par la mort de son ancien protecteur.

Chapitre XI

LES BORGIA

Au cours de l'été 1502, Léonard de Vinci fut nommé architecte et ingénieur général par César Borgia, dit le Valentinois, qui lui proposa plusieurs projets de fortifications et de ponts. Léonard arpenta les provinces de l'Ombrie et de la Romagne et resta avec le prince italien jusqu'au printemps 1503.

Bombarde à fragmentation de boulets par Michel Rigel suivant un projet de Léonard de Vinci

Dessin encre de chine à la plume et sanguine 2016

Catalogue raisonné N° 3477

Léonard produisit à cette époque un grand nombre de dessins de machines de guerre, il étudia des systèmes plus élaborés pour protéger les fortifications ainsi que des plates-formes où l'on place de l'artillerie défensive.

Avec son expérience d'ingénieur et de technicien des armes à feu et de la balistique, Léonard projeta de construire des tours plus massives et des bastions plus bas avec des tranchées autour des fortifications et des palissades entre les deux. Les angles des tours devaient être très obtus afin que les boulets tirés par les assaillants soient déviés.

Dans le *Codex Atlanticus*, Léonard avait dessiné une forteresse, une sorte de bunker moderne dont les formes générales étaient très en avance sur son temps, cette architecture militaire ne se retrouvant qu'au XIXe siècle. Cette forteresse était constituée de murs très épais en cercles concentriques, les pièces de vie avec des plafonds voûtés étant reliées par des galeries souterraines. Autour de l'édifice se situaient quatre bastions de protection couverts de toitures convexes et, au centre de la forteresse, une tour avec un canon mobile.

On pense que Léonard eut l'idée d'assécher le cours de l'Arno lorsque la seigneurie de Florence assiégea Pise. Il sillonna alors la basse vallée du cours d'eau où il effectua des relevés topographiques pour son projet de grand canal avec la déviation du fleuve. Cette activité d'ingénieur et d'architecte, à la fois en temps de guerre et en temps de paix, permit à Léonard de multiplier les dessins et en particulier ceux relatifs à la topographie. Les détails de ces études peuvent être consultés dans le *Codex Atlanticus* et le *Codex Madrid II*. On possède des esquisses topographiques de Léonard sur Imola et Urbino ainsi que des plans complets de l'Arno. Ces relevés topographiques sont étonnants de précision, d'une facture moderne avec des perspectives provoquant une sensation visuelle d'épaisseur concrétisée par une illusion de relief comme sur les cartes actuelles. Monts et vallées donnaient ainsi une vision tridimensionnelle de l'espace en termes de largeur, hauteur et profondeur.

Cela fit dire à l'historien d'art allemand Ludwig Heinrich Heydenreich que Léonard semblait avoir établi ses plans en les dessinant depuis sa machine volante ! Léonard mit à profit ses aptitudes de peintre et donna aux reliefs l'illusion de la profondeur, en utilisant ses connaissances sur les lois naissantes de la perspective. Léonard s'appuyait sur ses facilités avec le dessin et la peinture pour embellir ses plans en se servant de couleurs différentes pour mettre en évidence les gradations du relief. Les espaces sur la carte, les rues, les places et les bâtiments publics étaient blancs, les espaces privés, jaunes, les cours d'eau, bleus, les reliefs en gris-bleu et la campagne en jaune pâle.

César Borgia accompagna Louis XII au cours de

son entrée triomphale à Milan. Le souverain fut tellement impressionné par la fresque de la Cène qu'il voulut la faire transporter en France en démontant le mur ! Il fut aussi attiré par le projet de la statue équestre des Sforza.

Ces guerres continuelles dans l'Italie de la Renaissance contraignirent la plupart des artistes de cette époque à servir à la fois les vainqueurs et leurs bourreaux. Suite à la défaite des Milanais face aux Français, Léonard quitta Milan en 1503 pour rejoindre Florence après un court séjour à Mantoue puis à Venise, accompagné de son fidèle élève Andrea Salai.

Le père de Léonard mourut en juillet 1504 à l'âge de soixante-dix-sept ans. Il laissa dix fils et deux filles.

Lors de l'ouverture du testament, Léonard constata qu'il n'y figurait pas et l'héritage fut partagé entre les douze autres enfants qui d'ailleurs ne s'entendirent pas entre eux. L'affaire se trancha chez les juges.

Son oncle Francesco mourut et, cette fois-ci, Léonard fut favorisé en recevant une part importante de sa fortune et de ses terres. Ce qui l'arrangea fortement car, bien que vivant modestement, Léonard était à court d'argent.

Chapitre XII

LA BATAILLE D'ANGHIARI

Après la mort de Savonarole en 1498, la Seigneurie de Florence voulut exalter la grandeur et la puissance de la ville et ainsi rivaliser avec le mécénat des Médicis. Elle lança alors un programme de décoration pour la salle du Grand Conseil du Palazzo Vecchio.

Étude pour La Bataille d'Anghiari par Léonard de Vinci

Sanguine de Michel Rigel 2016

Catalogue raisonné N° 1823

La Montagne du Cygne

En 1503, Léonard de Vinci proposa au chef du gouvernement de la République florentine, Pier Soderini, de réaliser une fresque représentant la bataille d'Anghiari qui retrace la victoire des Florentins sur les Milanais en 1440.

Tête de guerrier par Léonard de Vinci
Dessin encre de chine à la plume de Michel Rigel 2016

Catalogue raisonné N° 3635

La Montagne du Cygne

De 1504 à 1506, Léonard peignit une fresque de sept mètres par dix-sept sur le mur de la salle du Grand Conseil, devenue depuis la salle des Cinq Cents du Palazzo Vecchio. En 1506, il quitta Florence en laissant l'œuvre inachevée.

Étude pour La Bataille d'Anghiari par Léonard de Vinci

Dessin encre de chine à la plume et sanguine de Michel Rigel 2016

Catalogue raisonné N° 3454

La Montagne du Cygne

La Bataille d'Anghiari fut pour Léonard l'occasion de travailler sur un sujet qui lui était cher. Ce thème de bataille et la force de son exécution allaient être un exemple pour beaucoup d'artistes à venir.

Étude pour La Bataille d'Anghiari par Léonard de Vinci

Dessin encre de chine à la plume et sanguine de Michel Rigel 2015

Catalogue raisonné N° 3461

La Montagne du Cygne

Léonard fit des études préliminaires en dessinant de nombreuses esquisses de chevaux pris dans une violente scène de guerre. On y voit les chevaux se cabrant, écumant d'efforts, les guerriers se pourfendant de leurs sabres, avec des rictus d'effroi

Étude pour la lutte avec le dragon par Léonard de Vinci

Dessin encre de chine à la plume de Michel Rigel 2017

Catalogue raisonné N° 3895

sur leur visage et le sang coulant abondamment sur les hommes et les bêtes. Ces dessins préparatoires prirent énormément de temps car Léonard travaillait simultanément sur plusieurs projets, laissant ses commanditaires se morfondre.

Tête de satyre par Michel-Ange

Dessin encre de chine à la plume et aquarelle de Michel Rigel 2015

Catalogue raisonné N° 3031

Nous sommes en 1504 et la Seigneurie de Florence somma Léonard de terminer la fresque avant la fin de l'année. Cela ne l'empêcha pas d'œuvrer en parallèle aux plans d'un canal entre Florence et Pise, ainsi qu'à un traité relatif au mouvement terrestre avec le soleil et à l'invention du télescope. Il réussit quand même à terminer la maquette de

**Détail de La Bataille d'Anghiari par Pierre Paul Rubens,
sur un projet de Léonard de Vinci**

Dessin encre de chine à la plume de Michel Rigel 2017

Catalogue raisonné N°4031

La Bataille d'Anghiari à la date prévue et Michel-Ange qui devait décorer une autre partie de la pièce obligea Léonard à accélérer la réalisation de la fresque. Celui-ci demanda la construction de l'échafaudage et commença l'élaboration de l'enduit sur le mur destiné à accueillir la peinture. Comme cela lui était coutumier, Léonard expérimenta un nouveau procédé au lieu d'utiliser les méthodes traditionnelles. Il découvrit dans un incunable la formule d'une ancienne mixture qu'il essaya avec succès, mais le travail ne séchant pas assez vite il entreprit de faire un feu pour accélérer le séchage et la méthode s'avéra concluante.

Léonard commença alors la peinture de la fresque et les Florentins furent satisfaits, tous les spectateurs conclurent que c'était bien là, sa plus belle œuvre. La fresque était de toute beauté, les couleurs étaient éclatantes, la peinture semblait vivante de réalisme, les hommes et les chevaux étaient magnifiques.

Mais, encore une fois, la fresque ne séchait pas, tout du moins pas assez vite pour Léonard. En s'appuyant sur la réussite du séchage de sa maquette, il fit un second feu dans la salle du Grand Conseil. Les flammes s'élevèrent, la température augmenta, mais une chose inattendue se produisit: la peinture, ne supportant pas des degrés aussi élevés, commença à couler, on ne reconnaissait plus les chevaux, les visages se décomposaient et le tout se transformait en une masse informe.

La Montagne du Cygne

Léonard, complètement dépité, ne se sentit pas le courage de   recommencer tout le travail d'autant plus qu'il était en même temps occupé à son éternelle recherche sur le vol des oiseaux pour le transposer sur ses machines volantes. Un marchand d'étoffes lui ayant commandé le portrait de son épouse, Monna Lisa, il quitta Florence en 1506, laissant la fresque inachevée.

**Étude de Léonard de Vinci pour le monument Trivulzio
par Michel Rigel**

Dessin encre de chine à la plume 2016

Catalogue raisonné N°3458

La Montagne du Cygne

C'est Vasari, chargé de la rénovation du Palazzo Vecchio, qui peignit en 1563, de nouvelles scènes de bataille sur les murs de la salle des Cinq Cents.

Léonard, de retour à Milan, réalisa vers 1510 l'étude d'un deuxième monument équestre. Il s'agissait du monument funéraire du maréchal Gian Giacomo Trivulzio, un mercenaire au service des Français.

Étude pour le monument Trivulzio par Léonard de Vinci

Dessin encre de chine à la plume de Michel Rigel 2017

Catalogue raisonné N°3875

Léonard fit de nombreux dessins du monument qui devait représenter le cavalier et son cheval, en bronze, sur un socle formant le piédestal, en marbre. Le tombeau avait la forme d'un cénotaphe creux muni de colonnes et de quatre sculptures aux angles. Le cheval devait se tenir sur ses pattes arrière, chevauché par un cavalier de grande taille qui paraissait tourner sa tête en arrière, un bras tendu vers l'avant brandissant une épée. Sous les pattes antérieures du cheval cabré, un soldat agenouillé semblait effrayé par l'animal hennissant mené par son cavalier. Là encore, le projet demandait un haut niveau de technicité et Léonard n'alla pas jusqu'au bout de la démarche car il était difficile, avec les moyens limités de l'époque, de faire reposer tout le poids d'une statue équestre en équilibre sur les membres postérieurs d'un cheval. Il faut croire que Léonard eut pleinement conscience de toutes ces difficultés, ce qui explique sans doute l'abandon du projet.

Chapitre XIII

LA MONTAGNE DU CYGNE

Léonard de Vinci parcourait souvent la campagne pour observer la nature. En regardant voler les oiseaux et notamment les grands rapaces, il notait minutieusement les différentes phases de vol et ainsi il s'aperçut qu'ils décollaient face au vent en utilisant les courants d'air chaud pour s'élever dans les airs.

Machine volante par Michel Rigel suivant un projet

de Léonard de Vinci

Dessin encre de chine à la plume 2017

Catalogue raisonné N° 3952

Léonard comprit, avant la lettre, le principe général du vol des planeurs et il fut ainsi convaincu de la possibilité du vol des corps plus lourds que l'air, quatre siècles avant que ne soient réalisés les premiers vols humains. Faire voler un corps plus lourd que l'air était impossible pour un scientifique à son époque et cela va le demeurer jusqu'à la fin du XIXe siècle.

Le rêve de Léonard de Vinci vu par Michel Rigel

Dessin encre de chine à la plume 2017

Catalogue raisonné N°3640

Léonard réfléchissait sans cesse pour concevoir une machine originale, un type de planeur qui lui permettrait de s'élever dans les airs. Il dessinait inlassablement de nouveaux engins volants transposant les observations de son travail de dissection d'insectes et d'oiseaux dans des projets de dessins d'ailes, afin d'équiper ses machines volantes. Ces études se tournèrent initialement vers les ailes des oiseaux en les couvrant de plumes mais il abandonna ensuite cette idée pour se tourner vers les ailes des chauves-souris en substituant la toile aux plumes.

Machine volante par Michel Rigel suivant un projet de Léonard de Vinci

Dessin encre de chine à la plume 2017

Catalogue raisonné N°4023

Il travaillait depuis plusieurs années à ses projets de machines volantes, des engins tout à fait étranges pour l'époque. Certains de ses contemporains se moquèrent de lui, pourtant l'avenir lui donnera raison et les premiers engins volants seront opérationnels quatre cents ans plus tard.

Mécanisme de la machine volante par Michel Rigel suivant un projet de Léonard de Vinci

Dessin encre de chine à la plume 2017

Catalogue raisonné N°4022

Ayant définitivement conclu que la force humaine ne suffisait pas à faire évoluer dans l'air une machine volante, il se tourna vers le concept du planeur en y ajoutant des ailes articulées pour imiter le vol des oiseaux, ce qui devait permettre d'atteindre les courants chauds de l'atmosphère et ainsi, de soulever la machine.

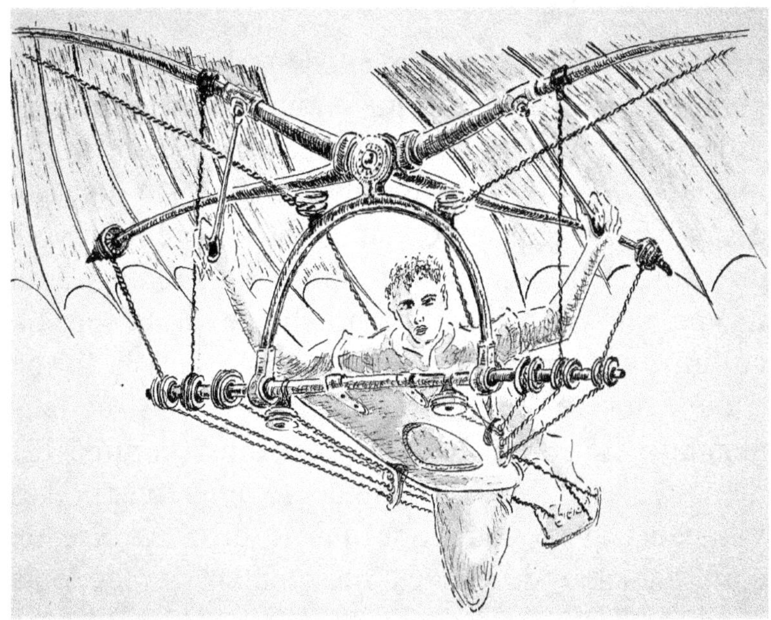

Homme volant par Michel Rigel suivant un projet

de Léonard de Vinci

Dessin encre de chine à la plume 2017

Catalogue raisonné N° 3965

Léonard finit par construire une machine volante avec des ailes aux nervures de bois recouvertes de toile et reliées par des cordes en soie. Celles-ci devaient se soulever et s'abaisser au moyen de poulies et de cordes actionnées par les mouvements coordonnés du corps de l'homme, qui était attaché dans une nacelle tout en étant libre de ses gestes pour actionner la machine avec ses mains et ses pieds, en essayant de s'élever pour être porté par les courants d'air chaud.

Après de nombreuses années de réflexion, c'est en mai 1506 que Léonard qui séjournait à Fiesole, un village au nord-est de Florence, essaya son ultime machine volante. Lorsque l'engin fut prêt pour un essai, il envisagea de le lancer pour la première fois du haut du *Monte Ceceri*, appelé la Montagne du Cygne, une forte élévation proche de sa maison. La colline avait longtemps été exploitée sous la forme d'une carrière de pierres pour les constructions alentour. Le *Monte Ceceri* était ainsi nommé car des cygnes le survolaient régulièrement, les villageois ayant remarqué que le dos des oiseaux était parsemé de taches ressemblant à des pois chiches d'où le nom *ceceri* en italien.

Léonard avait été l'observateur de l'envol des cygnes facilité par le dénivelé de la colline. Un grand nombre de ces volatiles utilisaient ce promontoire, en effet, trop courts sur pattes, ils étaient gênés par leurs grandes ailes qui touchaient le sol au décollage.

Léonard, conscient du danger, demanda à son mécanicien Tommaso Masini également connu sous le nom de Peretola Zoroastre d'être le pilote d'essai de sa machine. Peretola, fils d'un jardinier et né dans le village du même nom, s'élança plein d'appréhension à bord du planeur du haut du *Monte Ceceri*.

L'engin était conçu avec des matériaux trop lourds au regard des moyens actuels comme le plastique ou le carbone. Peretola fit un vol plané d'environ mille mètres avant de s'écraser avec sa machine dans un buisson en contrebas au bord de la route à Fiesole. Le vol fut périlleux et malgré la distance parcourue et un dénivelé important, Peretola réussit à s'en sortir sans trop de dommages, avec seulement une jambe brisée et quelques côtes fêlées. Le bruit courut dans la contrée qu'un grand oiseau s'était élevé de la Montagne du Cygne et Léonard écrivit dans son journal : « Le prodigieux oiseau effectua son premier vol en s'élançant depuis le dos du grand Cygne, il provoquera la stupeur de l'univers et le nid où il sera né, héritera d'une gloire éternelle.»

La machine de Léonard était d'une conception très proche de nos deltaplanes et elle a inspiré un grand nombre de fous volants. Ainsi l'allemand Otto Lilienthal effectua entre 1891 et 1896 plus de deux mille vols planés et construisit seize machines. La conception de son dernier engin volant était très proche de l'idée de Léonard de Vinci : le deltaplane pendulaire. Le casse-cou finit par se tuer en août 1896 lors de son premier essai de vol à moteur. Cinq siècles plus tard, des ingénieurs ont repris les dessins préparatoires de la machine de Léonard et ont essayé de reconstruire le planeur en forme de deltaplane, en suivant scrupuleusement ses plans, reprenant les matériaux qu'il avait prévu d'utiliser. La tâche fut ardue: en effet, revenir à une construction artisanale pour fabriquer une machine de haute technologie est très complexe, les ingénieurs n'ont pas utilisé des ordinateurs pour être au plus près du rêve de Léonard.

La machine volante terminée, une femme se porta volontaire pour un premier vol d'essai. La pilote était suspendue à l'engin par un triangle de sustentation avec des sangles et elle portait un casque de protection.

Par mesure de sécurité, l'engin volant était tenu de part et d'autre aux ailes, ainsi qu'à l'arrière, pour corriger les défauts éventuels du premier vol et acquérir une stabilité satisfaisante. Plusieurs essais furent nécessaires, les améliorations minimes apportées n'impliquèrent pas la structure générale de l'engin et la machine volante s'éleva enfin vers le ciel.

A Fiesole, la route où atterrit le premier et seul engin volant construit par Léonard s'appelle *Largo Leonardo da Vinci*.

Chapitre XIV

LE MYSTERE DE LA JOCONDE

La Joconde est une peinture de Léonard de Vinci qui représente, selon toute vraisemblance, le portrait de Lisa Gherardini, l'épouse d'un marchand d'étoffes florentin nommé Francesco di Bartolomeo di Zanobi del Giocondo.

La Joconde peinte par Michel Rigel en 1973

Détail d'une huile sur toile de 100 x 50 cm

Catalogue raisonné N° 23

115

Le tableau est une huile sur panneau de bois de peuplier de dimensions réduites, 53 cm de large pour 77 cm de haut, exposée aujourd'hui au musée du Louvre sous l'intitulé : *Portrait de Lisa Gherardini dite Monna Lisa, la Gioconda ou la Joconde.*

Léonard de Vinci, qui avait l'habitude de commencer ses dessins par des croquis préparatoires, n'en fit pas pour *La Joconde* et il débuta le travail en 1503 pour le terminer en 1506.

La Joconde représente une jeune femme assise sur un fauteuil avec en arrière-plan un paysage montagneux aux horizons lointains. Un chemin sinueux et une rivière enjambée par un pont de pierre semblent rejoindre le balcon où elle est assise. Elle regarde le peintre, tournée de trois-quarts, elle est représentée jusqu'à la taille, les bras et les mains au premier plan, constituant une pose inhabituelle pour l'époque; les artistes avaient coutume de peindre leurs personnages entièrement de profil en coupant le buste à hauteur des épaules ou de la poitrine.

La jeune femme, vêtue d'une robe sombre avec des plis dorés à hauteur du décolleté et des manches aux reflets ocres, porte un voile transparent d'une grande finesse qui plaque sa chevelure finement bouclée tombant sur les épaules. Le corsage légèrement décolleté laisse apparaître la poitrine jusqu'à la naissance des seins. La source de lumière venant du fond du tableau donne au visage un teint lumineux qui tranche avec ses vêtements de couleur sombre.

Ce visage, sans aucun cil ni sourcil, est énigmatique et, quelle que soit la place où l'on se trouve, le regard semble suivre le spectateur, en effet, ses pupilles placées au centre des yeux lui donnent l'apparence d'un regard fixe. A cela s'ajoute un léger sourire qui contribue à rendre le portrait encore plus mystérieux et c'est d'ailleurs, cet insaisissable sourire sur le visage de la Joconde, qui est à l'origine du formidable succès remporté par cette œuvre d'art.

Le tableau illustre bien la technique du *sfumato*, littéralement « enfumé » qui consistait à superposer de fines couches en glacis de couleurs translucides en partant de la plus opaque à la plus éloignée vers la plus claire en surface. Ce procédé, dont le velouté dans le dégradé des couleurs est si fin qu'il ne peut être décelé à l'œil nu, apportait alors, avec la lumière, une illusion de relief et restituait des ombres d'une grande qualité.

Il a fallu les moyens modernes radiographiques pour en découvrir les secrets et, malgré d'incessantes recherches, le rendu de l'œuvre intrigue encore les chercheurs.

Léonard, peintre mais également scientifique, s'est penché sur le phénomène de l'éclairage et tout particulièrement sur la question des fondus qui permettent de passer insensiblement de l'ombre à la lumière. Il a aussi défini une méthode pour l'absorption des contours d'un dessin, donnant au tableau un rendu plus naturel. Dans son *Traité de la Peinture*, Léonard a développé sa théorie de l'usage du *sfumato* : « Veille à ce que les ombres et les lumières se fondent sans traits ni lignes comme une fumée. »

Giorgio Vasari, dans son ouvrage *Les Vies des meilleurs peintres, sculpteurs et architectes,* paru en 1550, déclara que Léonard avait fait en sorte que Monna Lisa soit distraite par des musiciens et des bouffons pendant les poses, il voulait qu'elle soit d'humeur joyeuse et que cela transparaisse sur la toile rompant ainsi avec les habituels portraits mélancoliques de l'époque. Vasari écrivit : « Le sourire est si agréable qu'il semble divin plutôt qu'humain, ceux qui l'ont vu ont été très surpris de constater qu'il semble aussi vivant que l'original. »

La Joconde était déjà appréciée à l'époque de la Renaissance. Ainsi Vasari écrivit dans le même ouvrage : « Celui qui désiroit se convaincre jusqu'à quel point l'art peut imiter la nature, le pouvoit d'autant plus, que les moindres choses sont rendues dans cette tête avec la plus grande finesse. Les yeux avoient ce brillant, cette humidité qui existent sans cesse dans la nature, et étoient entourés de ces rouges pâles, et des paupières qui ne peuvent s'exécuter qu'avec une très-grande subtilité. On voyoit la manière dont naissent les sourcils dans la chair, qui tantôt plus épais, tantôt plus clairs, tournoient selon les pores qu'indique la nature.

Le nez étroit n'étoit pas moins bien rendu, et toutes ces belles ouvertures rougeâtres et délicates. La bouche vermeille et ses extrémités se fondoient tellement avec la carnation du visage, que l'on croyoit plutôt y voir la chair que la couleur. Lorsque l'on regardait attentivement le creux de la gorge, on sembloit apercevoir le battement du pouls ; et l'on peut dire avec vérité que ce portrait étoit peint de manière à faire craindre et trembler les plus grands maîtres. »

A la mort de Léonard, *La Joconde* fit partie de la collection du roi de France François Ier qui l'installa dans sa demeure favorite, le château de Fontainebleau.

Aujourd'hui, *La Joconde*, considérée comme l'une des œuvres les plus célèbres, est devenue l'objet d'art le plus contemplé au monde, près de la moitié des visiteurs du Louvre ne s'y rendant que pour voir ce tableau.

L'histoire de *La Joconde* est particulièrement mouvementée. Ainsi le 20 août 1911, Vincenzo Peruggia, un vitrier italien qui avait participé aux travaux de mise sous verre des tableaux les plus importants du musée du Louvre, décida de dérober *La Joconde*. Il profita du jour de fermeture de l'établissement pour cacher le tableau sous son manteau et disparaître par une issue dérobée du musée.

Le vol fit grand bruit, la presse s'en empara et le

gouvernement français révoqua le directeur du musée. Pendant deux ans, le voleur conserva le tableau dans sa chambre à Paris, cachée sous son lit dans le double fond d'une valise en bois blanc.

De retour en Italie, Peruggia proposa, en décembre 1913, de revendre la toile 500.000 lires à un antiquaire florentin, Alfredo Geri, suite à une petite annonce relative à l'achat d'œuvres d'art. Geri en informa aussitôt la police qui arrêta Peruggia lors de la remise de la rançon dans la chambre de son hôtel, établissement qui sera d'ailleurs rebaptisé plus tard *Hôtel Giaconda*. La presse italienne salua le patriotisme de Peruggia qui ne fut finalement condamné qu'à dix-huit mois de prison mais qui en définitive n'en fit que sept.

Dans l'intervalle, le tableau *La Joconde* avait été remplacé sur les cimaises du Louvre par le portrait de Baltazar Castiglione peint par Raphaël. Une fois récupérée, après de courtes expositions à Florence et à Rome, *La Joconde* rejoignit le Louvre le 4 janvier 1914.

Quelque vingt-cinq ans plus tard, *La Joconde* fit partie des œuvres sauvées avant que n'éclate la Seconde Guerre mondiale. La France était sur le point d'entrer en guerre avec l'Allemagne et c'est Jacques Jaujard, directeur des musées nationaux, qui organisa le sauvetage. Le 25 août 1939, celui qui aimait dire «chaque trésor est l'œuvre d'un homme,le témoignage de son génie et de son temps » fit fermer le musée et prit la tête des opérations pour échapper aux pillages et aux bombardements nazis.

Tout le personnel se mit à l'ouvrage : on fit un premier tri de huit cents toiles de maîtres, les tableaux furent classés en trois catégories avec des pastilles de couleur suivant l'importance de l'œuvre et on enleva les cadres pour faciliter le transport. Tableaux et antiquités furent déplacés dans plus de deux cents véhicules et dispersés vers des endroits

Château de Montal en Quercy Lot, par Michel Rigel

Dessin encre de chine à la plume 2017

Catalogue raisonné N°3956

éloignés les uns des autres. *La Joconde* partit en ambulance, cachée sur un brancard et envoyée dans un lieu secret. Les autres tableaux se retrouvèrent dans différents châteaux pour échapper aux troupes allemandes et en particulier au Reichsmarschall Hermann Goering, grand amateur de tableaux et de sculptures, qui organisait le pillage des œuvres d'art en Europe.

La Joconde rejoignit d'abord le château de Chambord, lieu de transit à cette période pour de nombreuses peintures et sculptures des musées parisiens. Elle se retrouva ensuite successivement dans les caves du château d'Amboise, à l'abbaye de Loc-Dieu, au musée Ingres de Montauban puis enfin à Chambord avant d'être entreposée sous le lit de René Huyghe, conservateur du musée du Louvre en exil dans le château de Montal en Quercy dans le Lot.

Ce n'est qu'en juin 1945 que *La Joconde* retrouva enfin le Louvre, enveloppée dans un capitonnage en velours rouge lui-même placé dans un écrin, le tout protégé par une caisse à double paroi en bois de peuplier sous le matricule NLP n°0 avec trois points rouges, signes distinctifs de sa très grande valeur.

Le célèbre photographe Pierre Jahan l'a fixé pour la postérité lors de l'ouverture de la caisse, et le tableau apparut parfaitement intact, malgré cinq ans de profonds bouleversements.

Le nom de Jacques Jaujard sera donné à l'entrée principale du Louvre.

Chapitre XV

AMBOISE

En septembre 1513, Léonard de Vinci partit à Rome travailler pour le duc Julien de Médicis, le frère du pape Léon X. Mais Léonard fut déçu par les missions qu'on lui confiait car sans grand intérêt à ses yeux. Alors il reprit ses recherches anatomiques continuant à disséquer les corps humains pour réaliser ses nombreux dessins et cela malgré les réticences de la Papauté. Il apprécia de

Julien de Médicis par Sandro Botticelli

Dessin encre de chine à la plume de Michel Rigel 2016

Catalogue raisonné N° 3873

travailler à nouveau sur l'hydraulique à travers un projet d'assèchement des marais pontins appartenant à Julien de Médicis. Mais ce dernier mourut le 17 mars 1516.

Portrait de Salaï par Léonard de Vinci

Dessin encre de chine à la plume et sanguine de Michel Rigel 2016

Catalogue raisonné N° 3456

Après la mort de son mécène, Léonard quitta Rome pour la France en traversant les Alpes à dos de mulet. Il emmena avec lui tous ses carnets de dessins ainsi que trois de ses œuvres favorites : *La Joconde, La Vierge, l'Enfant Jésus et sainte Anne,* et *Saint Jean-Baptiste.* Ses deux disciples, Francesco Melzi et Salai, ainsi que son serviteur, Batista de Vilanis, l'accompagnèrent dans son voyage.

Portrait de François Ier par Jean Clouet

Dessin encre de chine à la plume de Michel Rigel 2017

Catalogue raisonné N° 4037

La Montagne du Cygne

C'est à la demande du roi François Ier, que Léonard rejoignit la France. Son nouveau protecteur l'installa dans les lieux où il avait passé toute son enfance, le manoir du Cloux. Il souhaitait garder auprès de lui cet artiste qu'il admirait tant ; en effet le manoir du Cloux, qui s'appelle aujourd'hui le château du Clos Lucé, se trouvait à proximité de la résidence du roi de France, le château d'Amboise. Le roi rendait régulièrement visite à Léonard par un tunnel souterrain reliant son château au manoir du Cloux. Lorsque celui-ci fut mis à la disposition de Léonard de Vinci, François Ier lui dit « ici, Léonard tu seras libre de rêver, de travailler et de penser» et il le nomma « premier peintre, premier ingénieur et premier architecte du roi » avec une rétribution annuelle de mille écus d'or.

François Ier éprouvait une grande admiration pour Léonard et le considérait un peu comme un père. Celui-ci, de son côté, lui exposait ses idées car il ne manquait pas de projets et essayait toujours de convaincre le roi de la réussite de ses entreprises. Au manoir du Cloux, Léonard ne peignit plus et il travailla comme ingénieur, architecte et metteur en scène, organisant pour son nouveau mécène des réceptions et des fêtes somptueuses. Il dessina les costumes de bal de la cour royale, inventa des systèmes mécaniques pour automatiser le passage des différents tableaux décorant les scènes de théâtre. Les machineries n'avaient rien à envier aux systèmes actuels ; il fabriqua également des animaux mécaniques et des automates pour agrémenter la représentation des pièces. Il conçut également les plans de la cité idéale de Romorantin et l'escalier à double révolution de Chambord, il projeta même de relier le Val de Loire au Lyonnais par un système de canaux.

Portrait d'homme par Francesco Melzi

Dessin encre de chine à la plume de Michel Rigel 2016

Catalogue raisonné N° 3468

La Montagne du Cygne

En 1517, Léonard organisa au château d'Argentan un divertissement inhabituel pour la sœur de François Ier, Marguerite de Navarre. Un tournoi marquait le début des festivités et une pièce fut jouée en fin de journée.

Jeune homme costumé à cheval par Léonard de Vinci

Dessin encre de chine à la plume et sanguine de Michel Rigel 2016

Catalogue raisonné N° 3765

La Montagne du Cygne

Le roi, qui était présent, fut surpris par un lion surgissant près de lui. Léonard avait conçu un animal assez effrayant et, dans la salle, on entendit des cris. Le souverain, qui avait un rôle à jouer, donna alors un coup de baguette magique sur le lion, celui-ci se dressa sur ses pattes arrière et la salle fut en émoi. Le ventre de l'animal se sépara en deux, l'intérieur était bleu turquoise, la couleur des armoiries de France, et une pluie de lys blancs tomba aux pieds du roi.

Le 19 juin 1518, Léonard organisa une fête au manoir du Cloux pour remercier le roi de ses bienfaits. A cette occasion, il se servit d'idées déjà éprouvées en 1490 lors de la fête du Paradis à Milan. Il déborda d'imagination et transposa tout son savoir-faire dans la mécanique pour réaliser un appareillage complexe qui mit en mouvement un système évoquant la course des astres. Un chapiteau fut monté au-dessus de la machinerie à l'aide d'une toile peinte en bleu rappelant la voûte céleste avec les détails peints des planètes, du soleil, de la lune et des douze signes du zodiaque. L'ambassadeur Galeazzo Visconti rapporta dans une lettre : « Le roi fit banquet dans une fête admirable. Le lieu en était le Cloux, très beau et grand palais. La cour était recouverte de draps bleu-ciel, puis il y avait les principales planètes, le soleil d'un côté et la lune du côté opposé. Il y avait quatre cent candélabres à deux branches, et tellement illuminés, qu'il semblait que la nuit fut chassée. »

Chapitre XVI

LE CLOS LUCE

Le château du Clos Lucé, appelé autrefois le manoir du Cloux, est une demeure située au cœur du Val de Loire dans le centre-ville d'Amboise.

A l'origine, le Clos Lucé était un ancien fief qui relevait du château d'Amboise; c'est à la suite d'un acte du 26 octobre 1460 que la terre de Lucé y fut annexée. Le domaine devint la possession des religieuses du prieuré de Moncé qui le vendirent le 26 mai 1471 à Etienne le Loup, bailli d'Amboise et conseiller du roi Louis XI. Le château ayant été laissé à l'abandon, le bailli y effectua d'importants travaux en créant une tour carrée avec une grande galerie la reliant à l'aile droite du bâtiment.

Etienne le Loup vendit le 22 novembre 1490 le Clos Lucé pour la somme de 3500 écus d'or à Charles VIII. Celui-ci transforma le domaine, qui ressemblait plutôt à une forteresse, en un château d'agrément afin d'en faire sa résidence d'été. Le roi y fit également construire un oratoire pour son épouse Anne de Bretagne qui vécut au Clos Lucé avant de s'installer au château de Blois. Charles IV d'Alençon et Marguerite de Navarre habitèrent le Clos Lucé de 1509 à 1515, ils le vendirent ensuite à la mère de François Ier, Louise de Savoie.

La Montagne du Cygne

Après la mort de Léonard de Vinci, Louise de Savoie reprit possession des lieux et, à partir de 1523, le Clos Lucé fut occupé par Philibert Babou de la Bourdaisière et son épouse, une favorite de François Ier surnommée la belle Babou.

Manoir du Cloux par Michel Rigel

Encre de chine à la plume 2016

Catalogue raisonné N° 3498

En 1583, le nouveau propriétaire fut le capitaine des gardes d'Henry III qui sera impliqué dans le complot de l'assassinat du duc de Guise. A partir de 1632, le château redevint la propriété de la maison d'Amboise suite au mariage d'Antoine d'Amboise avec la petite-fille de Michel de Gaste, et il le restera jusqu'en 1832. A noter que, pendant la Révolution française, le colonel Henri-Michel d'Amboise s'interposera pour éviter la destruction du bâtiment par les insurgés.

Léonard de Vinci par Michel Rigel

Dessin encre de chine à la plume 2016

Catalogue raisonné N°4165

Le Clos Lucé, ayant été la dernière demeure de Léonard de Vinci, fit l'objet d'un classement au titre des monuments historiques par la liste de 1862 et aujourd'hui il est inscrit au patrimoine mondial de l'Unesco.

Lorsque Léonard arriva au Clos Lucé, il avait beaucoup vieilli et à soixante-quatre ans il en paraissait soixante-quinze. Après une attaque, il fut paralysé de la main droite et tout le monde pensait qu'il ne travaillerait plus, mais c'était sans compter sur la force de Léonard qui put continuer son œuvre aidé par son ambidextrie.

Léonard de Vinci s'éteignit dans sa chambre du manoir du Cloux le 2 mai 1519 léguant ses manuscrits, carnets de dessins et croquis à son disciple bien-aimé, Francesco Melzi. La scène de sa mort a été définitivement figée dans un célèbre tableau d'Ingres mais elle fait l'objet d'une controverse par les historiens, en effet on y voit François Ier se penchant sur le lit de Léonard, alors qu'en réalité le roi ne se trouvait pas au manoir ce jour-là.

Aujourd'hui, le château, situé dans un parc de sept hectares traversés par l'Amasse, un petit affluent de la Loire, se distingue par une façade en briques roses et pierres blanches qui n'a pas été modifiée depuis la Renaissance avec un ancien chemin de ronde conservé en l'état. Lorsque l'on visite le château, on peut y voir la cuisine et la chambre de

Léonard de Vinci, la chambre de Marguerite de Navarre, l'oratoire d'Anne de Bretagne et la salle du Conseil, ainsi que quarante maquettes des machines de Léonard de Vinci réalisées par la société américaine IBM, en suivant scrupuleusement les

Le Clos Lucé par Michel Rigel

Dessin encre de chine à la plume 2017

Catalogue raisonné N° 4032

dessins de son auteur, et exposées dans quatre salles du sous- sol. Des animations en 3D également présentées dans les salles des maquettes nous permettent de comprendre le fonctionnement des inventions de Léonard. Ces maquettes, inspirées par ses dessins, aidèrent à prouver que ses idées étaient bien pensées et que chaque projet était réalisable. Ses inventions étaient très en avance sur son temps mais les applications restèrent encore incertaines à son époque.

En 2003, un parcours culturel a été mis en place dans le parc du château du Clos Lucé par les actuels propriétaires, la famille Saint Bris, avec des bornes sonores et vingt machines géantes inspirées des croquis de Léonard. Ses travaux sur les plantes sont présentés sur d'immenses panneaux dans un jardin, on peut aussi y apercevoir un pont à deux niveaux conforme aux dessins du maître.

On a retrouvé et classifié quinze mille documents de Léonard de Vinci rédigés en vieux toscan dont un tiers de ces écrits et dessins sont conservés au Vatican.

Depuis sa naissance à Loches le 26 janvier 1948, Gonzague Saint Bris a vécu au Clos Lucé à Amboise, propriété familiale depuis le 30 juillet 1855.

Gonzague Saint Bris et ses sept frères et sœurs ont continué la restauration du Clos Lucé entreprise par leur père Hubert. Le lieu, inscrit aux monuments historiques, est ouvert au public depuis 1954.

La famille a embelli les jardins et fait construire par IBM en 1960 quatre maquettes de machines, grandeur nature : un char d'assaut, un pont tournant, un bateau à aubes et un marteau-pilon. Ces maquettes, construites en suivant scrupuleusement les notes de Léonard de Vinci, sont exposées dans le jardin du Clos Lucé.

Chapitre XVII

L'HERITAGE

L'hiver 1515 fut très rigoureux. Les châteaux de cette époque étaient très froids bien qu'une énorme cheminée trônait dans chaque pièce : le volume à chauffer étant trop important avec des plafonds très hauts, sans isolation, d'où une forte déperdition de chaleur. Léonard de Vinci eut particulièrement froid cet hiver-là, il était souffrant et sentant que sa fin était proche il fit venir un notaire le 23 avril 1515 pour rédiger son testament.

Léonard était inquiet car il savait que tous ses écrits n'avaient fait l'objet d'aucune publication et il pensait à son œuvre restée inachevée.

Dans les derniers jours de sa vie, Léonard de Vinci se tourna vers Dieu et se confessa.

Dans son testament, il légua à ses frères et sœurs ses possessions à Florence et Fiesole ainsi que quatre cents écus. A son fidèle Francesco Melzi qui demeura à son chevet jusqu'à sa mort, il donna l'argent qu'il possédait et celui que le roi lui devait. Il lui céda également tous ses livres et ses peintures ainsi que la plupart de ses instruments de travail. Léonard légua à son disciple Salai la moitié de son vignoble et l'autre partie à son serviteur Battista de Vilanis. Il donna également à Salai une maison qu'il lui avait fait construire et une partie de sa pension versée par Louis XII. Il laissa à sa servante

Mathurine un magnifique manteau doublé de fourrure et deux ducats. Aujourd'hui ce cadeau semblerait dérisoire mais à l'époque cela avait une grande valeur.

Étude de drapé par Léonard de Vinci

Sanguine de Michel Rigel 2016

Catalogue raisonné N° 3645

Pour ses funérailles Léonard avait tout prévu quant aux phases de la cérémonie. Il avait demandé des grandes messes et des messes basses. Il voulait qu'une procession de soixante pauvres tenant des torches suive son cortège vers la collégiale Saint-Florentin du château d'Amboise où il serait enterré. Il avait prévu que les torches non consumées fassent l'objet d'une distribution aux églises alentour. Les ossements attribués à Léonard sont supposés placés depuis 1874 sous la pierre tombale de la chapelle Saint-Hubert dans l'enceinte du château d'Amboise.

Chapitre XVIII

LES CODEX MEMOIRE D'UNE VIE

Léonard de Vinci notait toutes ses idées sur ses carnets et on estime qu'il aurait ainsi rédigé plus de 15000 pages. Il écrivit ses premiers manuscrits dès 1478 et en continuera la rédaction jusqu'à la fin de sa vie.

Autoportrait présumé par Léonard de Vinci

Dessin encre de chine à la plume de Michel Rigel 2016

Catalogue raisonné N° 3641

<h1 style="text-align:center">La Montagne du Cygne</h1>

Aujourd'hui on a retrouvé environ 13000 pages, certaines ont été regroupées dans 25 fascicules distincts que l'on appelle codex.

Léonard de Vinci, portrait attribué à Ambrogio Figino

Dessin encre de chine à la plume et sanguine de Michel Rigel 2016

Catalogue raisonné N° 3455

Les codex sont plus ou moins hétéroclites, certains étant plutôt spécialisés et classés sommairement, d'autres sont constitués de notes touchant à des domaines très divers. On y retrouve le cheminement de la pensée de Léonard et l'évolution de son esprit d'artiste vers le scientifique.

Les codex sont disséminés dans le monde entier, le musée du Louvre et l'Institut de France à Paris, le musée Bonnat de Bayonne, le British Museum et le Victoria & Albert Museum à Londres, la Royal Library du château de Windsor, la bibliothèque de Holkham dans le comté de Norfolk en Angleterre, le Metropolitan Museum de New York, la bibliothèque Ambrosienne de Milan, la bibliothèque Royale de Turin, l'Académie de Venise, le musée des Offices à Florence, le musée Boijmans Van Beuningen à Rotterdam, le palais Albertina de Vienne et le musée Szépmuvészeti de Budapest.

LE CODEX ATLANTICUS

Conservé à Milan dans la bibliothèque Ambrosienne, le *Codex Atlanticus* est un recueil de dessins et de notes de Léonard de Vinci qui couvre une longue période de sa vie allant de 1478 à 1518.

Œuvres de Léonard de Vinci par Michel Rigel

Dessin encre de chine à la plume 2012

Catalogue raisonné N° 935

Lorsque Léonard mourut, son élève Francesco Melzi conserva la plupart des manuscrits du maître dans sa villa de Vaprio d'Adda près de Milan. Après le décès de Melzi en 1570, son fils Orazio dispersa les documents qui passeront alors dans différentes mains, parfois vendus à l'unité, et cela sans qu'il réalise toute l'importance de l'œuvre. En 1589, Orazio Melzi donna les notes et les dessins qui restaient en sa possession au sculpteur de la cour du roi d'Espagne Philippe II, Pompeo Leoni. Celui-ci

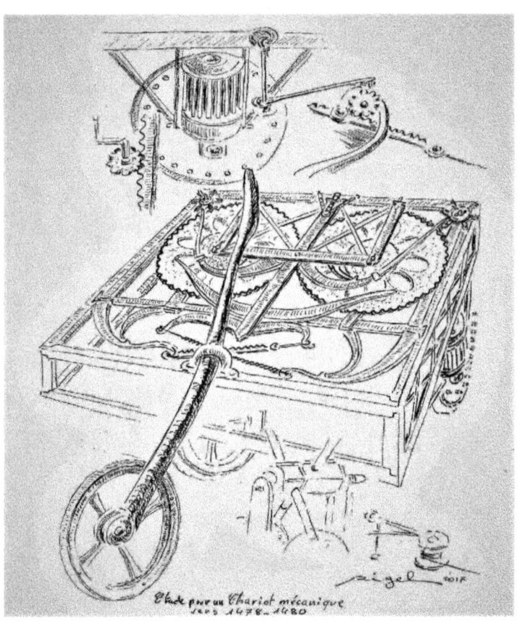

Étude d'un chariot mécanique par Léonard de Vinci

Dessin encre de chine à la plume de Michel Rigel 2017

Catalogue raisonné N° 3964

classa une partie des dessins en deux recueils distincts. Le premier, regroupant des études scientifiques et techniques rassemblées en douze volumes contenant 1119 feuillets, est un ensemble de manuscrits recouverts de cuir. Ce document a pris le nom de *Codex Atlanticus*, le format 43,5 x 64,5 cm rappelant celui des atlas de l'époque. Le second, regroupant des dessins de botanique et d'anatomie, rejoindra par la suite les collections royales du château de Windsor.

Étude de ski nautique ou padel par Léonard de Vinci

Dessin encre de chine à la plume de Michel Rigel 2017

Catalogue raisonné N° 3990

La Montagne du Cygne

Pompeo Leoni avait remanié le *Codex Atlanticus* en utilisant comme support des feuilles de papier de format 65 x 94 cm mais, les originaux de Léonard n'étant pas au même format, il fit des découpages et des collages ; peu scrupuleux, il supprima de cette manière une partie des textes que Léonard avait écrits au dos des dessins. La découpe des marges ainsi que la suppression des annotations de Léonard, la disparition de certains détails et l'arrachage de plusieurs feuillets rendirent impossible toute forme de restauration.

En 1796, Bonaparte, entrant victorieusement à Milan, réquisitionna un grand nombre d'œuvres artistiques. Le *Codex Atlanticus* et les manuscrits de la bibliothèque Ambrosienne furent expédiés à Paris à la Bibliothèque Nationale. Les manuscrits du codex furent ensuite restitués à l'Italie à la fin des guerres napoléoniennes, l'Institut de France gardant les autres documents de Léonard.

Aujourd'hui, le *Codex Atlanticus* comporte 1068 pages réparties en douze volumes reliés. La restauration, faite par des moines du couvent de Grottaferrata près de Rome, aura duré dix ans donnant ainsi une nouvelle vie à cette œuvre qui est maintenant éditée en fac-similé par les éditions Giunti Barbera de Florence.

LE CODEX WINDSOR

Constitué d'études sur un travail de dissection et d'une recherche sur l'observation des mouvements, le *Codex Windsor* avec ses quelque six cents dessins, est considéré comme le plus important recueil de Léonard de Vinci sur l'anatomie.

Le rêve d'Icare par Michel Rigel

Dessin encre de chine à la plume 2016

Catalogue raisonné N°3359

La Montagne du Cygne

Le manuscrit, composé de 234 folios, devint la propriété de Pompeo Leoni avant son départ pour l'Espagne et fut vendu dans les années 1630-1640 au comte d'Arundel, Thomas Howard, avant d'être probablement récupéré ensuite par le roi d'Angleterre Charles II.

Aujourd'hui, le *Codex Windsor* est conservé à la Royal Library du château de Windsor où il est exposé dans la galerie de la Reine.

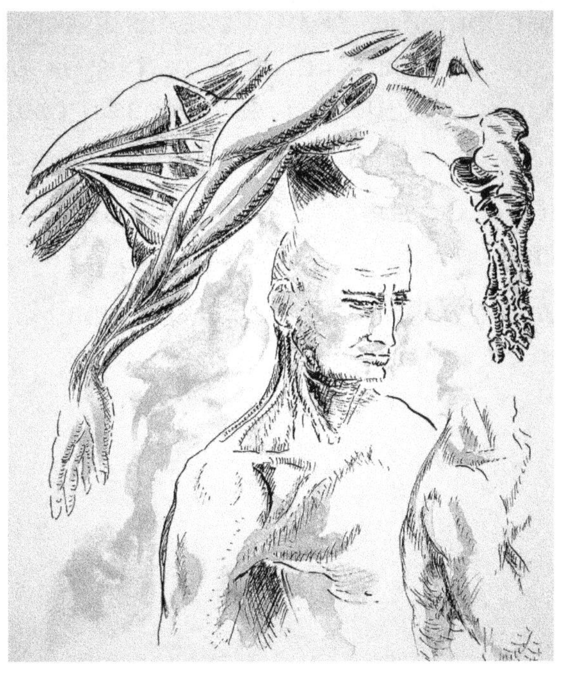

Études anatomiques par Léonard de Vinci

Dessin encre de chine à la plume de Michel Rigel 2017

Catalogue raisonné N°4018

LE CODEX ARUNDEL

Le *Codex Arundel 263* est un recueil de pages de notes, écrit durant la période qui va de 1480 à 1518, qui traite d'un ensemble d'études relatives à la géométrie, la mécanique, l'optique et l'architecture et qui renferme des esquisses pour la représentation de *L'Orphée* ainsi que des textes de Léonard de Vinci comme *Le monstre marin et la caverne*. Le manuscrit comporte 283 folios sous le format 15 x 21 cm, il est séparé en deux parties, la première regroupe 30 feuilles et la seconde contient le reliquat.

Le petit-fils du comte d'Arundel Thomas Howard fit don du codex à la Royal Society.

Le *Codex Arundel 263* a été acheté par le British Museum en 1831.

LE CODEX SUR LE VOL DES OISEAUX

Le *Codex sur le vol des oiseaux* a été écrit par Léonard de Vinci à Florence, aux environs de 1505, de retour d'une longue période passée à Milan.

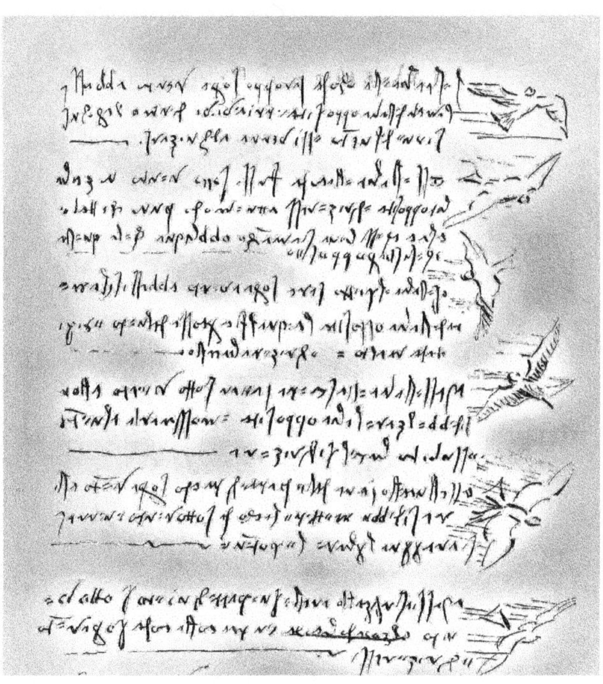

Codex vol des oiseaux, écriture de Léonard de Vinci

Dessin encre de chine à la plume de Michel Rigel 2017

Catalogue raisonné N°4017

La Montagne du Cygne

Le manuscrit de 18 feuillets, de format 15,3 x 21,3 cm, dont les textes sont rédigés en italien mêlés de dialecte lombard, toujours en écriture spéculaire, est daté au dos du feuillet n°17 par Léonard. Le document très hétéroclite est un condensé de notes et d'idées sans ponctuation ni accentuation, c'est une étude approfondie qui, à partir de l'analyse du vol des oiseaux, nous projette vers la conception de

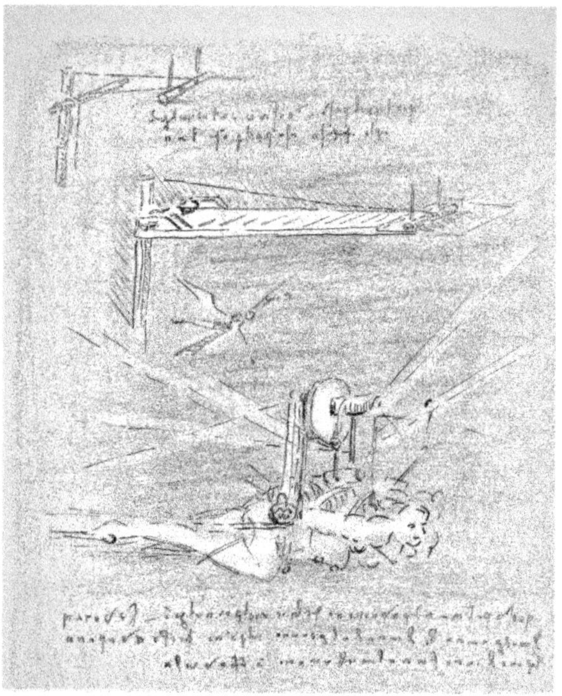

Mécanismes d'engins volants par Léonard de Vinci

Dessin encre de chine à la plume et sanguine de Michel Rigel 2016
Catalogue raisonné N° 3647

futures machines volantes. Au départ, Léonard regroupa l'ensemble de ses pensées relatives au vol des oiseaux avec de multiples textes et dessins commentés. Il poussa ensuite sa démarche beaucoup plus loin, le *Codex sur le vol des oiseaux* lui permit de dévoiler son projet de machine volante qui tire son nom de l'oiseau qu'il déclara observer : le grand milan, *il grande nibbio* en italien, c'est-à-dire le milan noir. En remarquant que le centre de gravité d'un oiseau en vol ne correspondait pas à son centre de pression, Léonard déclina son projet d'objet volant en détaillant ses principales caractéristiques : les dimensions, la mise en place du centre de gravité, les matériaux utilisés pour la construction, la position du pilote.

En observant le grand milan, Léonard précisa pour la première fois la notion de centre de gravité dans l'étude du vol des oiseaux. Il transposa cette découverte dans son projet d'engin volant car il avait déjà en tête la conduite de la machine par un être humain. Léonard étudia les oiseaux en procédant de la même manière qu'il le faisait pour les hommes : il disséqua leurs ailes et en particulier celles des chauves-souris et des insectes.

On pensait déjà en voyant les personnages sur les peintures de l'époque que les anges étaient pourvus d'ailes et qu'ils pouvaient peut-être voler. Il se disait alors qu'un homme pourrait faire de même avec des ailes immenses, proportionnelles à son corps et des muscles beaucoup plus puissants que la normale. On sait aujourd'hui que ce n'était pas possible car les matériaux utilisés n'étaient pas assez légers pour construire des ailes d'une telle dimension avec un rapport poids/force suffisant pour élever dans les airs la masse d'un être humain.

Léonard, poursuivant ses recherches, découvrit que les oiseaux se servaient de leur queue pour freiner à l'atterrissage et que leurs ailes leur permettaient de se maintenir en l'air sans battements en utilisant les courants d'air chaud. Il écrivit : « Si l'aile et la queue sont trop au-dessus du vent, abaisse la moitié de l'aile opposée, l'engin recevra la percussion du vent et se redressera. Si l'aile et la queue sont sous le vent, élève l'aile opposée et il se redressera à son gré. » Tout en sachant qu'un homme avait besoin d'ailes de taille imposante pour voler, Léonard pensait qu'il était possible de faire des ailes plus petites et il avait calculé qu'elles devraient mesurer au moins deux mètres. Il était persuadé que l'homme avait une supériorité sur l'oiseau car il pouvait utiliser ses mains mais aussi ses pieds. L'oiseau ne disposait que de la force de ses ailes pour s'élever, ses pattes ne pouvant servir qu'à l'atterrissage tandis que l'homme pouvait employer, outre ses bras, ses pieds pour donner un gain de puissance à l'envol de la machine. Il avait prévu, au niveau de la queue de l'engin, deux pédales reliées par des cordages et des poulies qui, repoussées par les pieds vers l'arrière, transmettaient une force supplémentaire lors du décollage de l'engin et le pilote devait simultanément actionner de ses mains une manivelle pour entraîner le battement des ailes.

Le *Codex sur le vol des oiseaux* passé successivement après la mort de Léonard entre des mains italiennes, espagnoles, françaises et anglaises, fut publié la première fois en 1893 par un certain Théodore Sabachnikoff. En mai de la même année, celui-ci offrit le manuscrit à la reine d'Italie, Marguerite de Savoie, qui elle-même en fit don à la bibliothèque Royale de Turin en décembre 1893. Le codex en fait toujours partie aujourd'hui et c'est la raison pour laquelle on l'appelle également le *Codex de Turin*.

LE CODEX TRIVULZIANUS

Le *Codex Trivulzianus* est un manuscrit, daté de la période 1487-1490, composé de 55 folios sous le format 13,5 x 19,5 cm ; il en contenait 62 à l'origine.

Caricature de Francesco Melzi sur un dessin

de Léonard de Vinci

Dessin encre de chine à la plume de Michel Rigel 2017
Catalogue raisonné, détail du N° 3897

Ce codex comporte des études architecturales, militaire et religieuse, mais il contient surtout près de 9000 mots notés par l'auteur pour servir ultérieurement de dictionnaire. En effet, le document permit à l'autodidacte qu'était Léonard de Vinci d'enrichir son vocabulaire et d'approfondir ses connaissances.

A l'instar de beaucoup d'autres manuscrits de Léonard, le *Codex Trivulzanius* fut donné par Orazio Melzi à Pompeo Leoni qui le vendit au comte Galeazzo Arconati, celui-ci l'offrant ensuite à la bibliothèque Ambrosienne de Milan en 1674. La ville en fit l'acquisition en 1935 et il est conservé aujourd'hui dans la bibliothèque Trivulziana du château des Sforza où il n'est pas accessible au public.

LE CODEX LEICESTER

Le *Codex Leicester*, daté de 1508 à 1510, est composé de 36 folios sous le format 21,8 x 29,5 cm, chacun d'eux étant plié en deux avec des écrits de chaque côté. Le manuscrit est rédigé en écriture spéculaire et il faut donc placer le texte inversé devant un miroir pour pouvoir le lire.

Ce codex est une collection d'écrits principalement scientifiques qui se présentent sous la forme d'un recueil d'observations relatives à des domaines très variés comme l'astronomie, le mouvement de l'eau, l'air, les propriétés des roches et des fossiles. Bien avant la tectonique des plaques, Léonard de Vinci avait envisagé le mouvement sensible et régulier des montagnes ainsi que la place tenue par les fossiles dans la géologie. Il avait compris que le mouvement de l'eau jouait un rôle important dans les modifications apportées au terrain, l'écoulement de l'eau se faisant en fonction des obstacles qu'elle franchissait et, par là même, il en résultait le phénomène de l'érosion.

Le manuscrit traitait également de la lumière céleste qui est générée par la luminosité de la lune. Dans sa théorie lunaire, Léonard pensait que l'astre était recouvert d'eau, le reflet des vagues renvoyant la lumière du soleil vers la terre.

Ce codex est un des rares textes de Léonard de Vinci qui n'a pas été conservé par Franscesco Melzi jusqu'à sa mort en 1570, en effet on le retrouve en la possession du sculpteur Guglielmo della Porta dès l'année 1537. Le codex tient son nom du premier comte de Leicester, Thomas Coke, qui s'en porta acquéreur en 1617 pour l'emmener en Angleterre.

En 1980, le document fut vendu aux enchères et acheté 24 millions de francs par l'industriel américain Armand Hammer qui le rebaptisa de son nom. En 1994, Hammer voulut s'en séparer et le remit aux enchères. Bill Gates, le cofondateur de Microsoft, en fit l'acquisition pour 30,8 millions de dollars US ce qui fait de cet ouvrage le livre le plus cher de tous les temps. Le nouveau propriétaire rendit son nom d'origine au manuscrit, le *Codex Leicester,* qui est dorénavant exposé annuellement dans un endroit différent ainsi au Sénat de Paris en 1997 et au château de Chambord en 2004.

Aujourd'hui, le *Codex Leicester* est le seul grand travail scientifique de Léonard de Vinci qui appartient à un propriétaire privé.

LE CODEX MADRID

Le *Codex Madrid* se compose de deux manuscrits égarés pendant de longues années et découverts à la Bibliothèque d'Espagne en 1965 par un professeur de langues à l'université du Massachusetts, le docteur Jules Piccus.

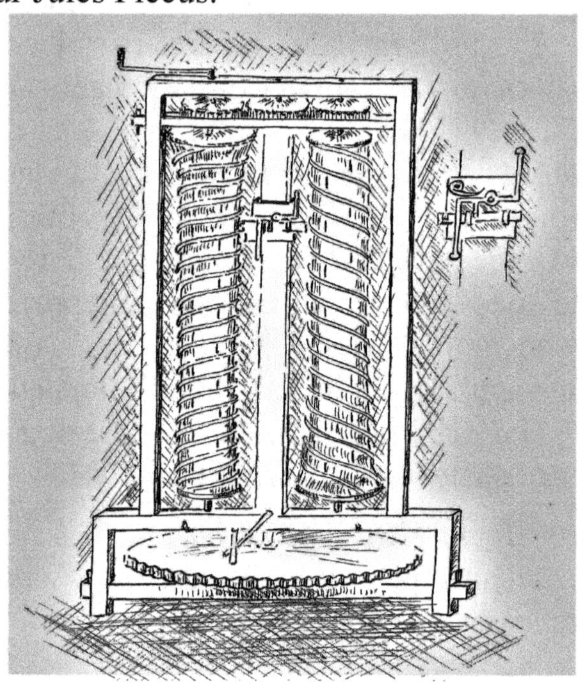

Étude pour la sonnerie d'une horloge

par Léonard de Vinci

Dessin encre de chine à la plume de Michel Rigel 2017
Catalogue raisonné N° 3991

La Montagne du Cygne

C'est Pompeo Leoni qui, tenant les documents d'Orazio Melzi, les avait emportés en Espagne où, après plusieurs changements de propriétaire, ils furent transférés à la bibliothèque du monastère de l'Escurial puis à la bibliothèque Royale de Madrid où ils séjournèrent durant 252 ans.

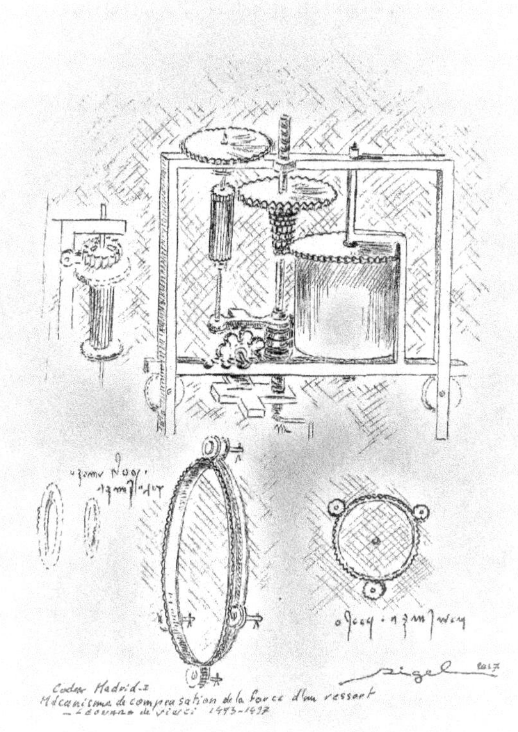

Mécanisme de compensation de la force d'un ressort

par Léonard de Vinci

Dessin encre de chine à la plume de Michel Rigel 2017
Catalogue raisonné N° 3993

L'appellation codex Madrid I et II date de 1965 pour désigner deux volumes très différents l'un de l'autre.

Le *Codex Madrid I*, daté de 1493 à 1495, est un texte homogène constitué de deux manuscrits de 184 folios au format 14,8 x 21,2 cm traitant pour l'essentiel du mouvement des projectiles et de différents sujets relatifs à la mécanique.

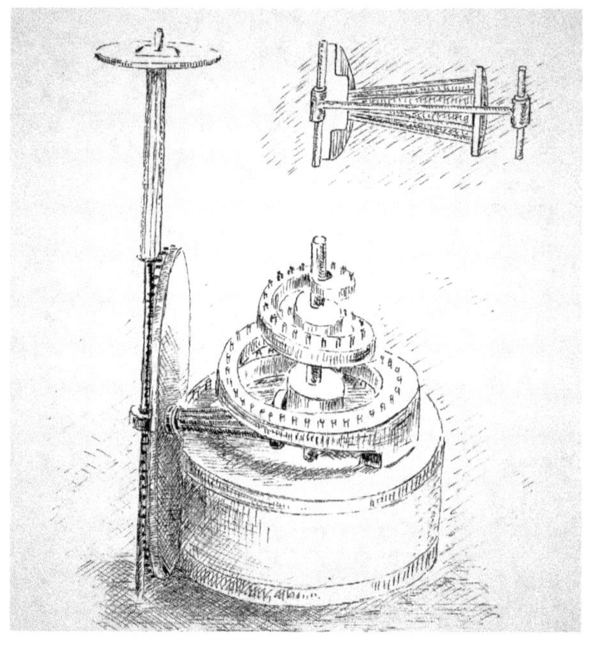

Étude d'un ressort compensé avec roue de champ

par Léonard de Vinci

Dessin encre de chine à la plume de Michel Rigel 2017
Catalogue raisonné N° 3992

La Montagne du Cygne

Dans de nombreux dessins, Léonard de Vinci illustra par des esquisses certaines fonctions mécaniques et il y répertoria une vingtaine d'éléments tels que des roues de friction, roues dentées, chaînes de transmission, pivots, axes, arbres, supports, vis, clavettes, coussinets, courroies, cabestans, volants, leviers, bielles, engrenages divers, valves, ressorts, manivelles. On a parfois attribué, à tort, l'invention de l'horloge à pendule à Galilée et Huygens en 1682, alors que l'on peut voir des notes et des dessins prouvant que Léonard de Vinci eut l'idée d'adapter le pendule aux horloges près de deux siècles avant eux. Certains dessins montrent une surprenante étude d'une horloge à contrepoids dont le mécanisme d'entraînement est constitué d'une corde et d'un tambour munis d'une came, de roues dentées et d'un échappement en éventail.

On retrouve aussi dans ce codex une autre recherche de Léonard sur les mécanismes d'horlogerie avec une esquisse d'échappement à roues. Galilée se servit du même procédé pour son horloge à pendule et, peu de temps après la mort de Léonard, ce même système fut aussi utilisé pour une horloge à Florence. Léonard perfectionna des systèmes similaires mais plus aboutis pour la construction de ses machines. Ainsi il dessina un mécanisme de transmission de la force et du mouvement au moyen de deux vis sans fin placées sur un socle, au-dessus d'une grosse roue dentée au sommet de laquelle une manivelle transmettait la force à trois petites roues crantées couplées sur les vis sans fin.

Le *Codex Madrid II*, qui date des années 1503 et 1504, est divisé en deux parties bien distinctes qui furent assemblées par la suite. Le premier manuscrit, sous le format 14,8 x 22,2 cm, est composé de neuf carnets qui traitent de sujets divers comme des études relatives à la géométrie et aux fortifications de Piombino, des relevés cartographiques ainsi que des analyses se rapportant au vol des oiseaux. Un des carnets ne concerne que la seule étude du cheval des Sforza en se concentrant plus particulièrement sur les problèmes de fusion de la fonte pour couler la statue. Le reste du codex est consacré à des notes et des dessins de machines de guerre, aux hostilités contre Pise ainsi qu'à un projet de déviation de l'Arno et à des notes de géométrie, de peinture, d'optique et d'architecture.

L'Homme de Vitruve, l'un des dessins les plus célèbres de Léonard de Vinci que l'on situe vers 1490, a contribué à faire de celui-ci le parfait exemple de la symbiose entre l'art et les mathématiques.

Vitruve était un ingénieur militaire et architecte romain de l'an I avant Jésus-Christ auteur du traité *De architectura*, dont les copies et les adaptations ont nourri l'évolution du classicisme européen à partir du XVe siècle. Dans le troisième livre de son *Traité d'architecture*, il effectua une description détaillée des rapports de mesure d'un corps humain proche de la perfection, développant l'idée qu'un homme aux bras et aux jambes écartés pouvait être inscrit dans les figures géométriques parfaites que sont le carré et le cercle, ainsi que celle qui veut que le centre du corps humain se situe au niveau du nombril. Critères de mesure qui ont sensiblement évolué au cours des siècles (voir dessin ci-dessous).

Léonard de Vinci fut donc amené à comparer le résultat de ses études anthropométriques avec celles de Vitruve qui constituaient à l'époque les seules proportions idéales conservées de l'Antiquité.

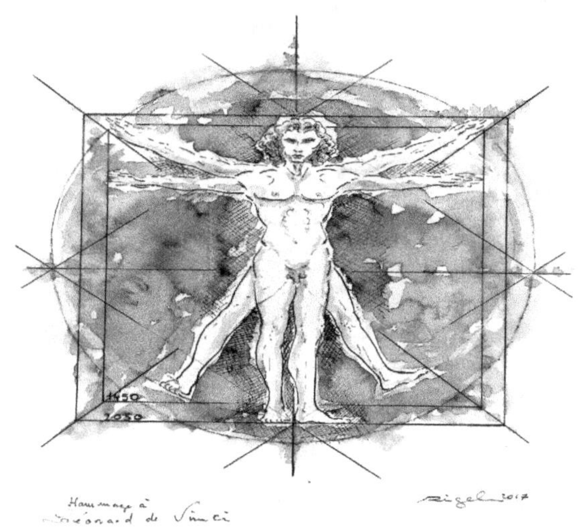

L'Homme de Vitruve par Léonard de Vinci 1490

Dessin encre de chine à la plume, évolution de l'Homme, anticipation par Michel Rigel
2017-2050

Catalogue raisonné N°4021

L'un des thèmes abordés par Léonard dans ses études relatives à la géométrie est la première version imprimée d'un petit rhombicuboctaèdre qui apparaît dans le manuscrit de la *Divine Proportion*. Ce solide d'Archimède est composé de huit faces triangulaires et dix-huit faces carrées, il possède vingt-quatre sommets identiques sur lesquels se rejoignent un triangle et trois carrés.

**Le Rhombicuboctaèdre : 8 triangles et 18 carrés
par Léonard de Vinci**

Dessin encre de chine à la plume de Michel Rigel 2017

Catalogue raisonné N° 3960

La Montagne du Cygne

Le *Codex Madrid* est fondamental dans l'œuvre de Léonard de Vinci, tant sur le plan quantitatif, puisque les manuscrits représentent près de 15% de ses notes connues à ce jour, que qualitatif, car les travaux pertinents qui y figurent constituent des avancées majeures de l'ingénierie de l'époque. Assurément la découverte du docteur Piccus a constitué l'une des plus importantes découvertes du XXe siècle.

Fœtus par Michel Rigel

Dessin encre de chine à la plume et sanguine 2013

Catalogue raisonné N° 1900

LE CODEX FORSTER

Le *Codex Forster* se compose de trois petits codex. Le *Codex Forster I*, 54 folios de format 10,3 x 13,5 cm, est scindé en deux parties. La première, qui date de 1505, traite des transformations d'un corps en un autre, et la seconde, qui remonte aux années 1487-1490, comporte 14 folios concernant les machines hydrauliques et une recherche sur le mouvement perpétuel.

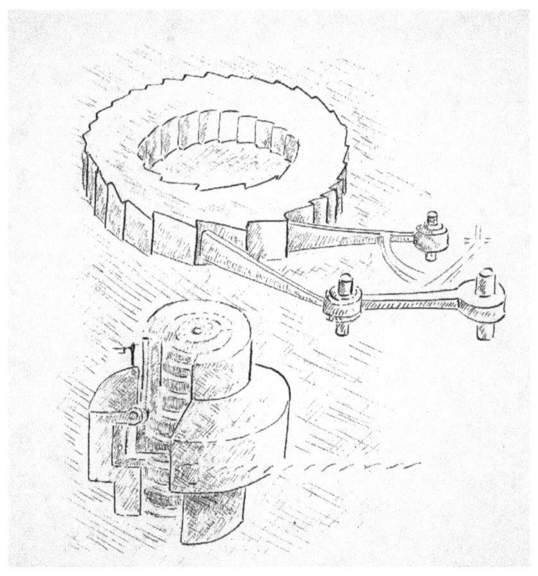

Éléments mécaniques par Léonard de Vinci

Dessin encre de chine à la plume de Michel Rigel 2017
Catalogue raisonné N° 4019

Le *Codex Forster II*, petit carnet de 7 x 9,5 cm, se divise en deux parties. La première, qui s'échelonne de 1495 à 1497, mentionne des réflexions concernant la pose prise par les personnages de la fresque *La Cène*, et la seconde, sous la forme d'un carnet daté des années 1494-1495, aborde principalement des problématiques de physique médiévale liées à la question des poids.

Le *Codex Forster III*, petit carnet de 88 folios sous le format 6,5 x 9,4 cm datant des périodes 1487-1490 et 1493-1497, est un recueil de notes hétéroclites comme celles prises lorsque Léonard de Vinci, au service de Ludovic Sforza, y décrit ses travaux relatifs à la statue équestre *Il Cavallo* et des projets d'urbanisation de la ville de Milan.

Aujourd'hui, le *Codex Forster* fait partie des œuvres exposées au Victoria & Albert Museum de Londres.

LE MANUSCRIT DE FRANCE

Le *Manuscrit de France* est considéré comme étant un codex même si les douze carnets qui le composent, datant de la période 1486-1515, portent le nom de manuscrit. A la fin du XVIIIe siècle, ces carnets, aux formats très variés, furent regroupés et identifiés au moyen de lettres allant de A à M, à l'exception de J.

Machines militaires de Léonard de Vinci

par Michel Rigel

Dessin encre de chine à la plume et sanguine 2016
Catalogue raisonné N° 1717

Le manuscrit A, composé de 114 folios, est pour l'essentiel une esquisse d'un traité de la peinture qui date de juillet 1492.

Le manuscrit B, composé de 84 folios et 26 pages datés de la période 1486-1488, est dédié à l'architecture civile avec la construction d'une cité idéale. D'autres feuillets concernent des projets de forteresses militaires, avec bombardes et chars, ainsi que des machines volantes et aquatiques.

Char à faux par Léonard de Vinci

Dessin encre de chine à la plume de Michel Rigel 2017
Catalogue raisonné N° 4030

Le manuscrit C, composé de 41 folios sous le format 22,2 x 31 cm et daté des années 1490 et 1491, concerne une étude sur les formes en fonction de leur éclairage ainsi que différentes observations d'optique appliquées à la peinture.

Le manuscrit D, composé d'un fascicule unique de 10 folios de 15,8 x 22 cm daté hypothétiquement de 1508, est consacré à l'œil et à la science de la vision.

Léonard de Vinci vu par Michel Rigel

Dessin encre de chine à la plume 2017

Catalogue raisonné N° 3999

La Montagne du Cygne

Le manuscrit E, composé de 96 folios au format 10,5 x 15 cm et écrit en 1513-1514, aborde essentiellement le thème des poids mais également divers sujets comme la peinture, la géométrie, la technologie et le mouvement de l'eau.

Le manuscrit F, composé de 96 folios de 10 x 14,5 cm et rédigé en 1508, traite des phénomènes atmosphériques et de l'observation du ciel, du soleil et de la lune.

Le manuscrit G, composé de 93 folios de dimensions 9,7 x 13,9 cm écrits entre 1510 et 1515, est consacré à la géométrie, l'optique, l'eau, le mouvement des bateaux, le vol des oiseaux, et il regroupe également un ensemble de dessins et de notes relatifs aux plantes et à leur croissance.

Le manuscrit H, composé de trois carnets de 142 folios de 9 x 12,8 cm qui datent de la période 1493-1494, traite principalement du thème de l'eau même si on y trouve des notes de grammaire latine.

Le manuscrit I, composé de deux carnets de 91 feuillets, qui semblent datés de l'année 1499, reprend les thèmes de l'eau, de la mécanique et de la géométrie euclidienne; il contient également des études de dessins à la sanguine.

Le manuscrit K, composé de trois carnets de 128 folios sous le format 6,5 x 9,6 cm datés de la période 1506-1507, renferme des études de géométrie, d'anatomie, d'architecture et de canalisation de l'eau.

La Montagne du Cygne

Le manuscrit L, composé de 94 folios de 7,2 x 10,9 cm et dont l'écriture s'inscrit dans la période 1497-1503, recense des croquis de fortifications et d'architecture militaire.

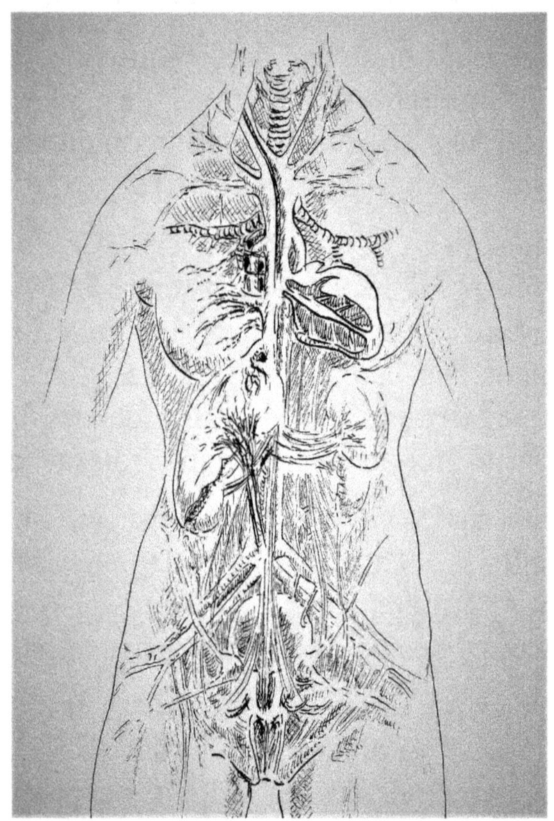

Anatomie des principaux organes et des artères d'une femme par Léonard de Vinci

Dessin encre de chine à la plume de Michel Rigel 2017

Catalogue raisonné N°4013

Le manuscrit M, composé de 94 folios au format 6,7 x 9,6 cm datés des années 1498-1499, est consacré à la géométrie et à la physique mais on y trouve aussi des notes de botanique, des études de ponts et des dessins d'emblèmes.

La plupart des carnets provenant du comte Galeazzo Arconati qui les avait achetés aux héritiers de Pompeo Leoni furent donnés en 1637 à la bibliothèque Ambrosienne de Milan. Aujourd'hui une grande partie des manuscrits sont conservés par l'Institut de France à Paris.

Chapitre XIX

LE SUAIRE DE TURIN DE LA MAIN DE LEONARD ?

Le suaire de Turin est une toile de lin de forme rectangulaire qui mesure 1,13 x 4,42 mètres dont le tissu au cours des siècles est devenu couleur ivoire, suite au jaunissement provoqué par l'oxydation de ses fibres. L'image sur le suaire représente un personnage en deux parties, de face et de dos, nu, avec les mains croisées sur le bas ventre, les deux corps représentés sur l'étoffe étant alignés tête-bêche. Le visage porte une barbe bifide et ses cheveux tombent sur les épaules.

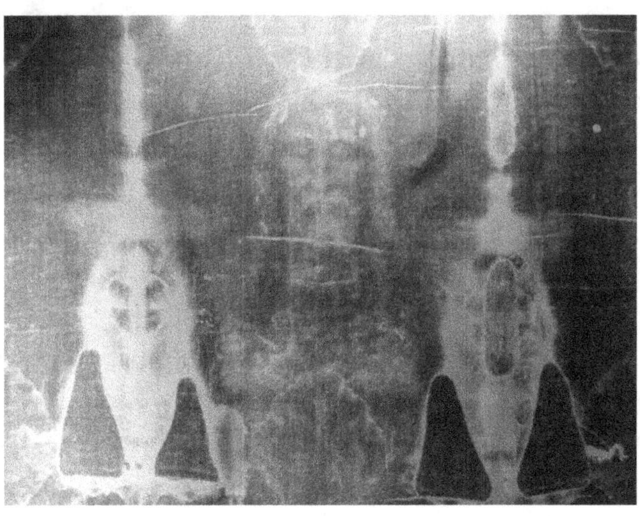

Le suaire de Turin, visage présumé de Jésus-Christ

Infographie, brûlures du tissu à droite et à gauche.

Les mesures déterminent approximativement une taille comprise entre 180 et 185 cm pour l'homme et 195 à 200 cm pour le linceul, celui-ci ayant sans doute subi une déformation dans le temps. La silhouette est floue et donne une image spectrale visiblement plus nette si l'on s'éloigne à environ deux mètres de la toile.

Des signes de crucifixion apparaissent sur le corps du supplicié: une première tache rougeâtre à mi-torse au niveau de la première côte est parfaitement visible laissant apparaître une possible perforation par la lance au moment de la mise à mort. On aperçoit également d'autres taches au niveau des poignets ainsi que sur le front, au sommet du crâne sur les cheveux, ce qui démontre l'enfoncement d'une couronne garnie d'épines et suggère ainsi la violence des soldats romains à l'égard du crucifié. Au niveau des mollets et des pieds, on distingue des taches qui laisseraient croire à un crucifiement par des clous enfoncés sur la croix. Sur l'autre partie du linceul, on aperçoit la trace du dos du supplicié où l'on peut compter pas moins de cent marques qui évoquent une intense flagellation. Toutes ces traces sur le linceul prouveraient l'enveloppement d'un corps, celui de Jésus de Nazareth condamné à mort par un tribunal romain, suivi d'une mise en croix que l'on situe en l'an 30 sous le règne de Tibère.

Les principales sources qui mentionnent le suaire de Turin sont confuses car le linceul est évoqué pour la première fois lorsqu'il est vu à Constantinople en 1147 par Louis VII, puis à Lirey en Champagne en 1357, sans savoir s'il s'agit bien du même linceul. Le suaire fut, par la suite, acquis par le duc de Savoie qui l'offrit à Marguerite de Charny.

En 1390, l'antipape Clément VII, parent de l'actuelle propriétaire du linceul Jeanne de Vergy, autorise une nouvelle ostension du suaire, en se gardant bien d'être confronté à d'éventuelles polémiques; il accepte de le présenter à condition que les fidèles soient bien conscients qu'il n'est pas le visage de Jésus-Christ mais un artefact du vrai suaire.

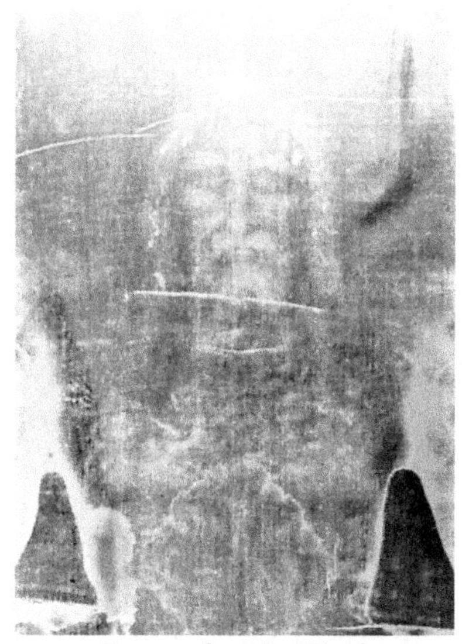

Le suaire de Turin

Infographie, visage présumé de Jésus-Christ

En 1502, le duc Philibert le Beau prend possession du suaire et décide de le placer dans la Sainte-Chapelle du château des ducs de Savoie, à Chambéry. Le linceul est régulièrement déplacé et transporté par l'évêque de Grenoble dans une châsse d'argent sous bonne escorte, en revenant à chaque fois à son point de départ, la Sainte-Chapelle des ducs.

Dans la nuit du 3 au 4 décembre 1532, le suaire échappa de justesse à un terrible incendie. Il va présenter alors des traces de brûlures et des altérations laissées par l'eau utilisée pour venir à bout des flammes. Ce sont les religieuses du couvent de Sainte-Claire-en-ville qui vont se charger de la restauration.

En 1536, la Savoie est envahie par les Français et le duc Philibert partit se réfugier à Nice emportant avec lui le suaire. La ville fut assiégée et, de 1543 à 1559, le suaire se retrouva à Vercelli dans le Piémont. Le duc Emmanuel-Philibert de Savoie le fit venir à Turin en 1578, le linceul devint alors la propriété de la maison de Savoie jusqu'en 1983 date du décès du dernier roi d'Italie Humbert II, qui le laissa en legs au Vatican.

L'histoire extraordinaire du suaire de Turin commence vraiment en 1898 lorsque Segondo Pia, un avocat et photographe amateur turinois, prend un cliché du linceul et transpose l'image sur du papier. Le résultat de la photo étant flou, il examine son négatif et, à sa grande stupéfaction, il distingue une image tridimensionnelle apparentée à une image traditionnelle dont le négatif aurait été inversé. On y aperçoit pour la première fois l'image d'un homme dont l'apparence est bien plus identifiable que sur un négatif ordinaire, où le noir est blanc et le blanc est noir, avec des contours qui se perdent dans une image spectrale.

La photographie est alors transmise aux médias déclenchant une polémique. Il y a ceux qui se réfèrent à l'Église et émettent l'hypothèse que l'image du linceul n'est pas de la main de l'homme et qu'elle se serait révélée suite à l'imprégnation du suaire par le sang provenant du corps de Jésus-Christ. Pour les autres, le suaire, qui a l'apparence d'une peinture classique sur un tissu, est considéré comme le plus incroyable ex-voto du Moyen Âge.

Un négatif qui donne l'apparence d'un positif et qui ainsi fait apparaître une image en trois dimensions étonne les chercheurs; le plus extraordinaire est qu'il ait fallu attendre l'avènement de la photographie pour que cette image, demeurée invisible aux yeux du monde pendant plusieurs siècles, soit enfin mise en évidence par les moyens modernes. Mais quelle est donc cette image que l'on voit sur le linceul, d'où vient-elle, comment s'est-elle formée et quel est ce personnage qui apparaît sur le suaire ? Comment croire à l'authenticité de cette toile de lin et est-ce bien le linceul qui a enveloppé le corps de Jésus-Christ ? Ceux qui pensent que la relique est un faux datant du Moyen Âge émettent l'hypothèse extraordinaire que le suaire de Turin aurait été réalisé par Léonard de Vinci. Ce même Léonard, génie de la Renaissance italienne qui, à la fois peintre et sculpteur, était le seul à posséder la connaissance artistique et technique nécessaire pour réaliser un ex-voto. Fabriquer ce genre de relique était courant à cette époque. Passionné de recherches et d'innovations, Léonard excellait dans les domaines les plus variés, cet immense talent serait-il à l'origine du suaire ?

Léonard de Vinci est un personnage plein de mystères et les réalisations qui ont jalonné sa vie contenaient parfois des énigmes. Il fut longtemps soupçonné d'être affilié au Prieuré de Sion, hypothèse soutenue par les nombreux théoriciens de la conspiration qui affirment que celui-ci serait une organisation ayant connaissance d'un secret qui pourrait détruire les fondations de l'Église catholique.

Dans un ouvrage intitulé *L'Énigme sacrée*, publié en 1982, les journalistes britanniques Henry Lincoln, Michael Baigent et Richard Leigh tentent de relier le Prieuré de Sion aux Templiers et aux origines du christianisme. Une source pour le romancier américain Dan Brown dans son roman *Da Vinci Code,* paru en 2003, dont le fil conducteur raccorde l'histoire surprenante d'un certain abbé Saunière, officiant à la paroisse de Rennes-le-Château dans l'Aude, avec la relation entre Marie-Madeleine et Jésus-Christ. Léonard, lui aussi, laisse transparaître une certaine ambiguïté dans ses peintures à travers des symboles et des secrets, comme la présence énigmatique d'un visage de femme dissimulé sous les traits d'un apôtre dans la fresque *La Cène*. Le roman de Dan Brown se termine par une énigme où se mêlent la société secrète du Prieuré de Sion, Léonard de Vinci, le Saint Graal, les Templiers et les Francs-maçons.

En 1978, dans le cadre du Shroud of Turin Research Project (S.Tu.R.P), première grande étude scientifique internationale consacrée au suaire de Turin, une équipe d'une trentaine de scientifiques américains composée de croyants et de non-croyants entreprit de résoudre l'énigme du linceul. Parmi eux, un tandem composé de deux chercheurs renommés, le docteur Allan Adler et un photographe et scientifique, Barrie Schwortz, tous deux de confession juive. Le temps fut compté car l'équipe disposait seulement de cinq jours pour effectuer ses travaux. Le groupe de scientifiques décida d'étudier l'âge du tissu avec la méthode de datation au carbone 14 : on sait depuis la deuxième moitié du XXe siècle que certains éléments chimiques se désintègrent avec le temps, le rayonnement d'un objet diminue graduellement d'intensité, la mesure de cette perte de puissance permet alors de situer l'objet dans le temps sans toutefois donner une datation précise. Certains des éléments du carbone 14 sont radioactifs et s'échappent dans l'atmosphère. Pour les utiliser en mesure temporelle, il faut calculer le rythme de désintégration de ce rayonnement. Par comparaison, il suffit alors d'évaluer, pour une découverte archéologique, la quantité d'atomes de carbone 14 résiduels pour trouver l'âge approximatif de l'objet.

En ce qui concerne le suaire de Turin, le résultat obtenu par les chercheurs était très surprenant car l'image de la relique révélait des propriétés extraordinaires, les taches trouvées sur le linceul n'étant pas des pigmentations de peinture mais bien des taches de sang. Ils conclurent que le dessin sur le tissu n'était pas de la main de l'homme, ils prétendirent que ce dessin, n'étant pas une peinture ni un artefact, devait être considéré comme un phénomène naturel associé à l'enveloppement du corps du Christ. Une autre chercheuse américaine, Lillian Schwartz de l'école des Arts Visuels à New-York, venait de terminer une étude sur le tableau de la Joconde en essayant de montrer des similitudes entre Léonard de Vinci et le portrait. Elle se pencha ensuite sur le cas du suaire et démontra au moyen de superpositions d'images scannées par ordinateur la grande ressemblance entre le visage du suaire et celui de Léonard de Vinci. Elle émit l'hypothèse que Léonard aurait pu créer un artefact au moyen des techniques maîtrisées à l'époque comme la *caméra obscura*, qu'il aurait utilisé pour se photographier lui-même et transposer son image sur le linceul.

Dès 1978, la datation au carbone 14 démontrait que le suaire était beaucoup trop récent pour être authentique et il paraissait tout à fait possible que le drap remonte à l'époque de Léonard de Vinci. On a longtemps soupçonné celui-ci d'être à l'origine de l'artefact et, à présent, il semble que la preuve soit établie car Léonard aurait créé un suaire vers 1490, une copie du linceul de Lirey provenant d'une commande pour la maison de Savoie. Plusieurs techniques auraient pu être employées pour créer l'artefact, Léonard ayant utilisé un système composite pour mettre en évidence une imprégnation de son visage sur le tissu à l'aide d'une photographie réalisée au moyen de sa *camera obscura* tout en perfectionnant le procédé, grâce à l'ajout d'une lentille. Il aurait ensuite enduit le drap de nitrate d'argent pour révéler son portrait, le volume du visage et du corps étant obtenu par un bas-relief sculpté et chauffé sur lequel il aurait appliqué le linge humide pour donner un effet tridimensionnel à l'image.

En 1994, deux écrivains britanniques, Lynn Picknett et Clive Price, émirent également l'hypothèse selon laquelle le suaire de Turin serait l'œuvre de Léonard de Vinci et cette information fit l'objet d'une importante médiatisation. Léonard aurait remplacé vers 1490 le linceul de Lirey, déjà considéré à l'époque comme une peinture, par une de ses œuvres. Selon les chercheurs qui se sont penchés sur la question, Léonard, qui était bien en avance sur son temps, aurait utilisé ses connaissances scientifiques pour réaliser un portrait au plus proche de l'image d'un crucifié, et ensuite fait apparaître le corps à l'aide de différents moyens techniques en mettant à profit sa maîtrise de l'alchimie. Les auteurs de cette théorie rejoignent l'étude de l'Américaine Lillian Schwartz, et affirment qu'il y a une ressemblance frappante entre les autoportraits connus de Léonard de Vinci et le visage sur le suaire.

En 1995, l'expert en photographie sud-africain Nicholas Allen émit l'hypothèse que l'image révélée nécessitait l'usage d'une chambre noire de grandes dimensions avec un objectif formé d'une lentille en loupe. Face à la chambre noire devait

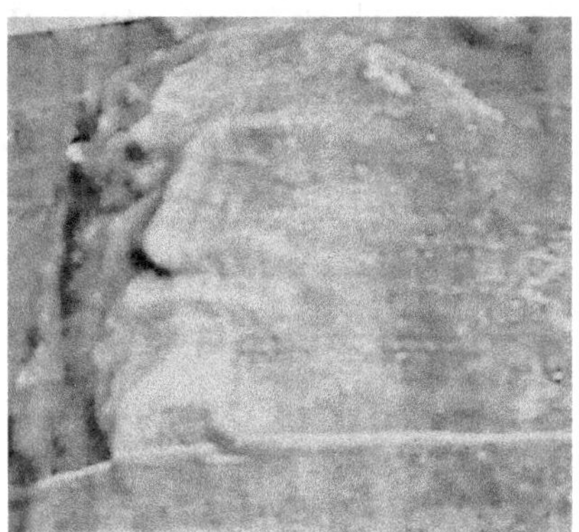

Le suaire de Turin
Infographie, impression tridimensionnelle

être tendu un drap de lin imprégné de nitrate ou de sulfate d'argent sur lequel se reflétait l'image d'un corps. On admettait que pour réaliser une image dans une chambre noire il fallait faire un petit trou dans un des côtés de la boîte et, si l'on plaçait un objet à l'extérieur avec une lumière derrière celui-ci, une image inversée se formerait à l'intérieur de la boîte sur le côté opposé face au trou. L'image pourrait ainsi être révélée sur le support que l'on aurait pris soin de tremper au préalable dans une solution d'ammoniaque.

Au Moyen Âge, les astronomes utilisaient la chambre noire pour regarder les éclipses, Léonard de Vinci en fit d'ailleurs mention dans l'un de ses manuscrits. Les peintres, ne maîtrisant pas toutes les règles du dessin pour retranscrire ce qu'ils voyaient, utilisaient eux aussi le procédé de la chambre noire pour dessiner les perspectives difficiles à reproduire.

Léonard se serait-il caché derrière la conception de cette relique ? L'artiste possédait bien toutes les qualités requises pour concevoir l'ex-voto car on trouve dans sa biographie quelques éléments qui prouvent sa capacité à réaliser une telle œuvre. De son vivant, il a essayé de rédiger une encyclopédie du savoir ce qui serait impensable aujourd'hui au regard de l'accumulation des connaissances. Léonard maîtrisait les techniques nécessaires pour concevoir le suaire et il avait probablement étudié les formules chimiques apportées par les Arabes dans les ports de Gênes et Venise afin de créer un artefact du suaire et obtenir un négatif inversé.

L'image que nous voyons sur le suaire ne serait-elle pas la première photographie connue, Léonard s'étant servi de sa découverte de la *camera obscura* qu'il a dessinée dans un de ses codex et qui peut être considérée comme le premier appareil photographique opérationnel. Il aurait peut-être procédé de la façon suivante pour réaliser l'impression sur le linceul : après avoir placé un personnage à l'extérieur d'une tour, celle-ci servant de *camera obscura*, il aurait disposé le corps au soleil face à un trou percé dans le mur pourvu d'une lentille faisant office d'objectif. L'image inversée se reflète alors sur un drap fixé sur un chevalet à l'intérieur de la tour, le tissu devant être recouvert d'un révélateur chimique pour que l'image apparaisse dans l'obscurité. L'opération aurait été réalisée en trois étapes successives, ce qui expliquerait le mauvais raccordement, à l'origine de la disproportion entre la tête et le corps, Léonard aurait à la fin du processus utilisé son visage pour la jonction du dernier tiers.

Léonard vécut entre 1452 et 1519, or le Moyen Âge se termine en 1499, ce qui constitue une fourchette correcte puisque l'on connaît l'imprécision du carbone 14 pour des périodes aussi rapprochées. Comme tout bon faussaire de tableaux, Léonard de Vinci était un scientifique et il n'aurait pas créé une relique sur des matériaux qui n'étaient pas de l'époque médiévale ; il avait à sa disposition un grand choix de tissus utilisés à cette époque qui étaient rapportés par les Templiers lorsqu'ils circulaient partout en Europe.

Cette ressemblance entre le visage sur le suaire et l'autoportrait de Léonard de Vinci nous interpelle, mais ce dernier était bien capable d'une telle farce lorsqu'il vendit son travail au pape Alexandre IV, le père de Lucrèce et de César Borgia, un pape qui fut d'ailleurs qualifié d'antéchrist par Savonarole.

Le mystère de l'empreinte subsiste et attise l'imagination car le linge peut être daté alors que l'empreinte ne peut l'être. Si l'on étudie les proportions de l'homme et, plus finement encore, l'enveloppement d'un corps dans un tissu, si on retient un concept de géométrie dans l'espace, le déroulement de l'image sur le linceul aurait dû subir des distorsions tridimensionnelles ce qui revient à dire que sur le tissu remis à plat, l'image de l'homme serait déformée.

En 1987, Le Vatican, soucieux de connaître la vérité, las des allégations continuelles, confia à six laboratoires le soin de mener une étude approfondie sur le suaire de Turin, selon des critères d'investigation différents. Il fut demandé à quatre laboratoires de privilégier l'analyse des données par la spectrométrie de masse; quant aux deux autres laboratoires ils devaient baser leurs recherches sur un système fonctionnant à partir d'un compteur proportionnel à gaz. Le Saint-Siège fit connaître ses exigences en confiant notamment le contrôle des opérations à un organisme de surveillance afin d'éviter tout échange de données qui aurait pu provoquer une tension entre les différents laboratoires et il imposa également des tests réalisés simultanément par chacune des parties.

Le 27 avril 1987, le Vatican fit marche arrière et publia dans le journal *La Stampa,* une nouvelle approche de l'étude, en demandant que celle-ci ne soit réalisée que par deux ou trois laboratoires au maximum.

Le suaire de Turin par Michel Rigel
Dessin encre de chine à la plume et sanguine 2016

Catalogue raisonné N° 3476

La Montagne du Cygne

Le 10 octobre de la même année, le porte-parole du Vatican, le cardinal Anastasio Ballestrero, fit à nouveau volte-face en faisant connaître de nouvelles exigences et en émettant l'hypothèse que le système basé sur le compteur proportionnel à gaz ne devait pas être utilisé. En effet, il s'agissait d'une méthode trop invasive qui pouvait provoquer une détérioration du tissu du suaire de Turin, ce qui entraîna aussitôt l'éviction des laboratoires qui utilisaient ladite méthode.

Finalement trois laboratoires, dépendant de l'Université d'Arizona à Tucson, l'Université d'Oxford au Royaume-Uni et l'École polytechnique fédérale de Zurich, furent désignés pour examiner des échantillons du suaire. Chaque laboratoire pouvait étudier un morceau du suaire, un petit échantillon de 40 mg de tissu provenant d'une portion prélevée sur la même zone. Les bureaux d'études recevaient en outre deux échantillons d'étoffes anciennes mais d'époques différentes, pour croiser les résultats afin de vérifier chaque conclusion émise par les trois laboratoires. Lorsque l'ensemble des travaux fut enregistré sur pellicule, toute communication entre les laboratoires fut interdite jusqu'aux conclusions définitives de l'étude. Le British Museum désigné pour superviser les investigations sous l'autorité du docteur Michael Tite, se vit confier la lourde tâche d'assumer le contrôle des opérations. Le travail fut complexe, d'âpres discussions suivirent et les débats furent repris par le porte-parole du Vatican qui déclara : « L'Église se doit de répondre à ceux qui souhaitent que le processus de datation soit interrompu. Elle démontrera qu'elle n'a pas peur de la science. »

Le 21 avril 1988, on préleva les premiers échantillons du suaire dans la cathédrale de Turin en présence de Franco Testore, un expert en tissus, et Giovanni Riggi, le représentant du fabricant de bio-équipements Numana. Giovanni Riggi découpa le linceul en prélevant des échantillons de l'étoffe que Franco Testore pesa pour le compte des laboratoires. Étaient également présents le cardinal Ballestrero, le porte-parole de l'archidiocèse Luigi Gonella et quatre prêtres au titre de l'Église, Michael Tite du British Museum, les représentants des différents laboratoires ainsi que des photographes et un caméraman.

Pour affiner les résultats, on appliqua la méthode de mesure par comparaison et les trois laboratoires reçurent chacun trois échantillons témoins, un de plus que ce qui avait été décidé initialement : un fragment d'étoffe déjà daté au radiocarbone provenant d'un tissu trouvé sur une statue égyptienne découverte en 1964, un fragment d'un morceau de textile provenant d'une cape ayant appartenu à Saint-Louis que l'on situe entre les années 1240 et 1270, ainsi qu'un infime morceau de bandage trouvé sur une momie analysée également au carbone 14. Ensuite Tucson, Oxford et Zurich réalisèrent leurs tests respectivement en mai, juin et août 1988, et firent parvenir leurs conclusions au British Museum en septembre de la même année. Celui-ci étudia en détail le résultat des examens et Michael Tite transmit toutes les données au diocèse de Turin et au Vatican.

Le 13 octobre 1988, lors d'une conférence de presse, le cardinal Ballestrero annonça les résultats officiels des trois organismes scientifiques qui situaient la datation du linceul dans une période du Moyen Âge avec une marge d'erreur de 5 %. L'analyse des trois laboratoires arrivait à une moyenne de plus ou moins 31ans. Le 16 février 1989, l'intégralité des conclusions furent publiées dans la revue scientifique Nature où le professeur Bray de l'institut de métrologie G.Colonetti de Turin confirma les résultats officiels.

En 2011, une seconde étude sur le suaire confirma en tous points sa datation médiévale. Le physicien britannique Timothy Jull, dans un article de la revue *Sciences et Avenir*, déclara, suite à une nouvelle analyse sur un échantillon conservé lors des premiers essais de 1988, que les résultats obtenus situaient le suaire entre le XIIIe et le XIVe siècle après Jésus-Christ.

Quelle est la position de l'Église concernant l'authenticité du linceul ? La chrétienté laissera durant des siècles cette énigme sans réponse, elle a semble-t-il manipulé ou déformé volontairement la vérité, peut-être pour entretenir le doute afin d'en tirer profit. Les fabricants de reliques faisaient un commerce florissant de tout ce qui se rapportait au suaire de Turin, plus de quarante exemplaires ayant été dispersés dans les églises d'Orient et d'Occident et des présentations du linceul eurent lieu successivement en 1933, 1978, 1998, 2000, 2010, 2013 et 2015.

Le Vatican, longtemps muet sur l'affaire du suaire, est resté respectueux de l'analyse en approuvant les résultats de la datation au carbone 14. Mais le Saint-Siège rejoint parfois les critiques relatives aux datations tout en étant conscient que les deux millions de pèlerins qui, chaque année, visitent la cathédrale de Turin sont une manne financière inespérée pour les caisses de l'Église.

CITATIONS DE LEONARD DE VINCI

Savoir écouter, c'est posséder, outre le sien, le cerveau des autres.

La nature est remplie d'une infinité de raisons dont l'expérience n'a jamais vu la trace.

Le jour viendra où les personnes comme moi regarderont le meurtre des animaux comme ils regardent aujourd'hui le meurtre des êtres humains.

Dans la nature, tout a toujours une raison. Si tu comprends cette raison, tu n'as plus besoin de l'expérience.

Qui pense peu, se trompe beaucoup.

Comme une journée bien remplie nous donne un bon sommeil, une vie bien vécue nous mène à une mort paisible.

Le néant n'a point de centre et ses limites sont le néant.

La Montagne du Cygne

Le fer rouille, faute de s'en servir, l'eau stagnante perd de sa pureté et se glace par le froid. De même, l'inaction sape la vigueur de l'esprit.

Quiconque mène une discussion avec autorité ne fait pas preuve d'intelligence mais se sert simplement de sa mémoire.

Le mal est notre ennemi. Mais, ne serait-il pas pire qu'il fût notre ami ?

Ne me méprise pas tant ! Je ne suis pas pauvre. Le pauvre est plutôt celui qui désire beaucoup de choses.

C'est à tort que les hommes se plaignent de la fuite du temps, en l'accusant d'être trop rapide, sans voir qu'il s'écoule à la bonne vitesse.

LEONARDESQUES

LEONARDESQUES

École lombarde de la fin du XVe siècle.

Tête de vieillard, pointe de métal, musée du Louvre.

Encre de chine à la plume de Michel Rigel 2016
Catalogue raisonné N° 3638

LEONARDESQUES

Disciple lombard de Léonard de Vinci.

Vieil homme assis, vers 1495.

Encre de chine à la plume de Michel Rigel 2016
Catalogue raisonné N° 3893

LEONARDESQUES

Détail du Jugement Dernier par Michel-Ange.

Chapelle Sixtine, Vatican, 1535-1541.

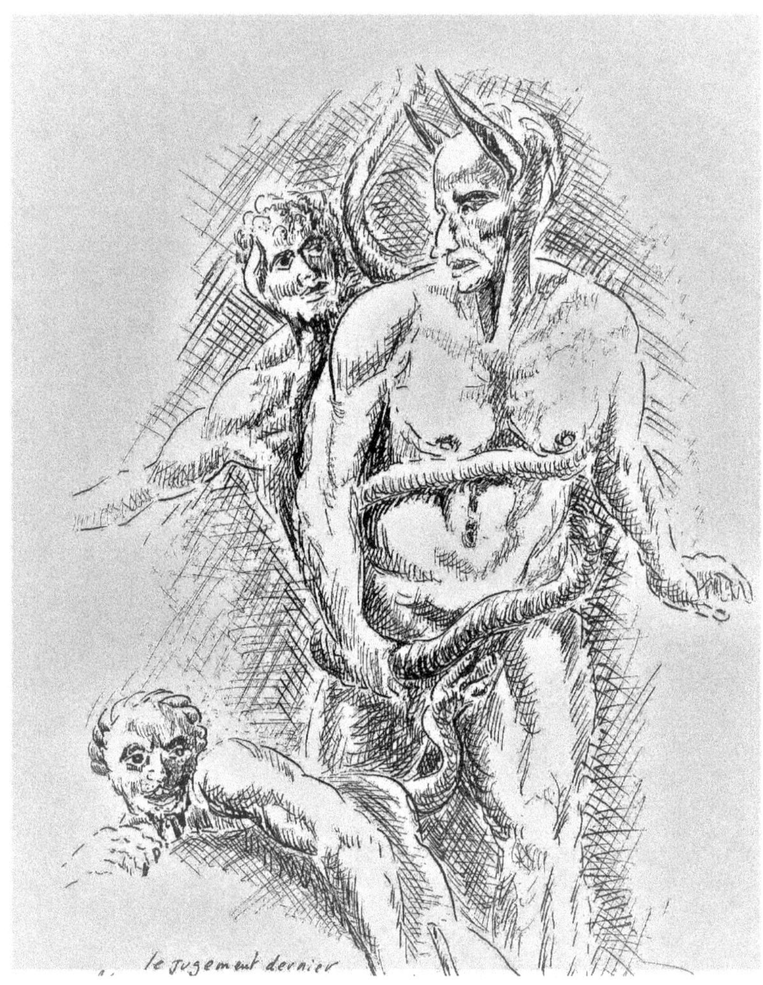

Encre de chine à la plume de Michel Rigel 2016

Catalogue raisonné N° 3696

LEONARDESQUES

Francesco Melzi.

D'après les portraits grotesques de Léonard de Vinci,1492.

Encre de chine à la plume de Michel Rigel 2016
Catalogue raisonné N° 3897

LEONARDESQUES

Élève lombard de Léonard de Vinci, vers 1508-1510.

Encre de chine à la plume de Michel Rigel 2017
Catalogue raisonné N° 3933

LEONARDESQUES

Mine de plomb par Michel Rigel 1989
Catalogue raisonné N° 3968

GROTESQUES

GROTESQUES

De Francesco Melzi

D'après le portrait grotesque d'une vieille femme de
Léonard de Vinci, vers 1490-1491.

Encre de chine à la plume de Michel Rigel 2017
Catalogue raisonné N° 3969

GROTESQUES

De Léonard de Vinci

Encre de chine à la plume de Michel Rigel 2017
Catalogue raisonné N°4011

GROTESQUES

De Léonard de Vinci

Encre de chine à la plume de Michel Rigel 2017
Catalogue raisonné N°4012

GROTESQUES

De Léonard de Vinci

Encre de chine à la plume de Michel Rigel 2017
Catalogue raisonné N° 4010

CHEFS-D'ŒUVRE PICTURAUX

Homme âgé par Léonard de Vinci

Encre de chine à la plume et aquarelle de Michel Rigel 2016

Catalogue raisonné N° 3464

CHEFS-D'ŒUVRE PICTURAUX

LA DAME A LA RESILLE DE PERLES

Peint vers 1490, par Léonard de Vinci, huile sur bois,
51 x 34 cm. Pinacothèque Ambrosienne, Milan.

Encre de chine à la plume de Michel Rigel 2017
Catalogue raisonné N° 4014

CHEFS-D'ŒUVRE PICTURAUX

LA DAME A L'HERMINE

Peint entre1488 et 1490, par Léonard de Vinci, huile sur bois, 54 x 39 cm, panneau issu du même tronc d'arbre que la Belle Ferronnière. Muzeum Czartoryski, Cracovie.

Encre de chine à la plume de Michel Rigel 2017
Catalogue raisonné N°3894

CHEFS-D'ŒUVRE PICTURAUX

SAINT JEROME

Peint entre 1480 et 1482, par Léonard de Vinci, huile sur toile et tempéra, marouflée sur panneau,103 x 75 cm. Musée du Vatican, Rome.

Encre de chine à la plume de Michel Rigel 2017
Catalogue raisonné N°4039

CHEFS-D'ŒUVRE PICTURAUX

LA MADONE A L'OEILLET

Peint vers1476, par Léonard de Vinci, huile sur bois,
62 x 47,5 cm. Alte Pinakothek, Munich.

Encre de chine à la plume de Michel Rigel 2017
Catalogue raisonné N° 4028

CHEFS-D'ŒUVRE PICTURAUX

BACCHUS

Peint entre 1510 et 1515, par Léonard de Vinci, huile sur bois transposée sur toile, 177 x 115 cm. Musée du Louvre, Paris.

Encre de chine à la plume de Michel Rigel 2017
Catalogue raisonné N°4040

L'Adoration des Mages, peint vers 1481, huile sur panneau de bois, 246 x 243 cm. Galerie des Offices, Florence.

La Vierge aux rochers, peint entre 1483 et 1486, huile sur bois transposée sur toile, 199 x 122 cm. Musée du Louvre, Paris.

La *Cène*, peint entre 1495 et 1498, huile et tempéra sur plâtre, 460 x 880 cm. Eglise Santa Maria della Grazie, Milan.

Madonna Benois, peint entre 1478 et 1482, huile sur bois transposée sur toile, 49,5 x 33 cm. Musée impérial de l'Ermitage, Saint-Pétersbourg.

La Vierge, l'Enfant Jésus avec sainte Anne et saint Jean-Baptiste, réalisé entre 1499 et 1500, charbon, craie noire et blanche sur papier teinté, 141,5 x104,6 cm. National Gallery, Londres.

La Vierge, l'Enfant Jésus et sainte Anne, peint entre 1508 et 1516, huile sur bois de peuplier, 168 x 130 cm. Musée du Louvre, Paris.

La Bataille d'Anghiari, peinture murale de 7 x 17 m réalisée de 1504 à 1506 dans la salle des Cinq-Cents du Palazzo Vecchio à Florence, restée inachevée et probablement détruite avant 1563.

L'Annonciation, peint entre 1472 et 1475, détrempe et huile sur bois, 98 x 217 cm. Galerie des Offices, Florence.

La Madone Dreyfus, peint entre 1470 et 1472, détrempe et huile sur bois, 15,7 x 12,8 cm. National Gallery of Art, Washington.

CHEFS-D'ŒUVRE PICTURAUX

LE BAPTEME DU CHRIST

Peint entre 1472 et 1475, par Léonard de Vinci et Verrocchio, détrempe et huile sur bois, 177 x 151 cm. Galerie des Offices, Florence.

Encre de chine à la plume de Michel Rigel 2017
Catalogue raisonné N°4020

CHEFS-D'ŒUVRE PICTURAUX

LA JOCONDE

Peint en 1503-1506, par Léonard de Vinci, huile sur bois de peuplier, 77 x 53 cm. Musée du Louvre, Paris.

Infographie de Michel Rigel 2017
Détail d'une huile sur toile de 1973
Catalogue raisonné des tableaux N° 23

CHEFS-D'ŒUVRE PICTURAUX

GINEVRA DE' BENCI

Peint vers 1474-1476, par Léonard de Vinci, huile sur bois de peuplier, 38,8 x 36,7 cm. National Gallery of Art, Washington.

Encre de chine à la plume de Michel Rigel 2017
Catalogue raisonné N° 4004

CHEFS-D'ŒUVRE PICTURAUX

PORTRAIT DE MUSICIEN

Peint vers 1485, par Léonard de Vinci, huile sur bois,
47 x 37 cm. Pinacothèque Ambrosienne, Milan.

Dessin encre de chine à la plume de Michel Rigel 2016
Catalogue raisonné N°4016

CHEFS-D'ŒUVRE PICTURAUX

LA BELLE PRINCESSE

Peint vers 1496, par Léonard de Vinci, pierre noire, craie blanche, encre et sanguine sur vélin, maroufle sur bois, 33 x 24 cm. Collection privée.

Dessin encre de chine à la plume de Michel Rigel 2017

Catalogue raisonné N° 4003

CHEFS-D'ŒUVRE PICTURAUX

SAINT JEAN-BAPTISTE

Peint entre 1513 et 1516, par Léonard de Vinci, huile sur bois de noyer, 69 x 57 cm. Musée du Louvre, Paris.

Dessin encre de chine à la plume de Michel Rigel 2017

Catalogue raisonné N° 4029

LISTE DES ILLUSTRATIONS

Léonard de Vinci étude pour la tête de Léda

Dessin encre de chine à la plume de Michel Rigel 2016

Catalogue raisonné N° 3637

66- Orgues d'artillerie par Léonard de Vinci

67-Scaphandre autonome par Léonard de Vinci

68- Canons et cabestans par Léonard de Vinci

71-Étude d'ailes articulées - Léonard de Vinci

72- Ailes articulées par Rigel, projet de Léonard de Vinci

73- Engin volant par Rigel, projet de Léonard de Vinci

74- Léonard de Vinci par Rigel

75- Vis aérienne par Léonard de Vinci

77- L'Éole III de Clément Ader par Rigel

80- Projet de parachute par Léonard de Vinci

83- Étude pour la Cène : Judas par Léonard de Vinci

85- Étude pour la Cène: Pierre par Léonard de Vinci

86- Léonard de Vinci par Rigel

87- La Cène : Jacques le Majeur par Léonard de Vinci

91- Bombarde à fragmentation de boulets par Rigel

95- Étude pour la bataille d'Anghiari - Léonard de Vinci

96- Tête de guerrier par Léonard de Vinci

97-Étude pour la Bataille d'Anghiari - Léonard de Vinci

98-Étude pour la Bataille d'Anghiari - Léonard de Vinci

99-La lutte avec le dragon- Léonard de Vinci

100- Tête de satyre par Michel-Ange

101- Bataille d'Anghiari par Pierre Paul Rubens

103- Monument Trivulzio par Rigel

204- Léonardesque, élève lombard

205- Léonardesque, Christ par Rigel

208- Tête grotesque par Francesco Melzi

209- Tête grotesque par Léonard de Vinci

210- Tête grotesque par Léonard de Vinci

211- Tête grotesque par Léonard de Vinci

213- Homme âgé par Léonard de Vinci

214- La Dame à la résille de perles par Léonard de Vinci

215- La Dame à l'hermine par Léonard de Vinci

216- Saint Jérôme par Léonard de Vinci

217- La Madone à l'œillet par Léonard de Vinci

218- Bacchus par Léonard de Vinci

221- Le Baptême du Christ par Léonard de Vinci

222- Infographie de la Joconde par Rigel

223- Ginevra de' Benci par Léonard de Vinci

224- Portrait de musicien par Léonard de Vinci

225- La Belle Princesse par Léonard de Vinci

226- Saint Jean-Baptiste par Léonard de Vinci

227- Tête de Léda par Léonard de Vinci

240- Portrait de Léonard de Vinci par Rigel

1452 - Naissance de Léonard de Vinci à Anchiano en Toscane le 15 avril

1455 - Parution de la Bible de Gutenberg

1469 -1478 - Élève à l'atelier de Verrocchio à Florence

1472 - Admission à la corporation des peintres de Florence : la guilde de *Saint-Luc*

1472 -1475 - *Le Baptême du Christ* peint avec Verrochio

1472 -1475- *L'Annonciation*, premier tableau réalisé intégralement par Léonard de Vinci

1473 - Dessin *Paysage de la vallée de l'Arno*

1474 - 1476 - *Ginevra de' Benci*

1476 - *La Madone à l'œillet*, premier tableau réalisé par Léonard de Vinci pour son propre compte

1476 -1478 - Sculpteur pour Laurent le Magnifique

1478 - Commande d'une peinture pour un retable au Palazzo Vecchio

1478 -1482 - *Madonna Benois*

1478 -1518 - Codex Atlanticus

1480 - Ludovic le More s'empare du pouvoir à Milan

1480 -1482 - *Saint Jérôme*

1480 -1518 - Codex Arundel

1481 - *L'Adoration des Mages*

1482 -1499 - Au service des Sforza à Milan

1482 - Monument équestre à la gloire de Francesco Sforza : *Il Cavallo*

1483 -1486 - *La Vierge aux rochers*, version musée du Louvre

1485 - *Portrait de musicien*

1486 -1515 - Manuscrit de France

1487 -1490 - Codex Trivulzianus

1487 -1505 - Codex Forster

1488 - Verrocchio réalise le monument équestre la *Statue du Colleone*

-Mort de Verrocchio

1488 -1490 - *La Dame à l'hermine*

1490 - Participation de Léonard de Vinci au projet du Dôme de Milan

1490 - Création de l'académie Léonard de Vinci

1492 - Mort de Laurent le Magnifique

1492 - Projet d'une machine volante

1493 -1495 - Codex Madrid I

1494 - Présentation à Milan de la maquette de la statue *Il Cavallo*

1494 - Le roi de France, Charles VII, envahit l'Italie

1495 -1497 - *La Belle Ferronnière*

1495 -1498 - Fresque *La Cène* dans l'église *Santa Maria della Grazie* à Milan

1499 - Occupation de Milan par les Français

1499 -1500 - *La Vierge, l'Enfant Jésus avec sainte Anne et saint Jean-Baptiste*

1500 - Séjour de Léonard de Vinci à Mantoue et Venise

1502-1503 - Léonard de Vinci est architecte et ingénieur général au service des Borgia

1503 - Léonard de Vinci quitte Milan pour rejoindre Florence en repassant par Mantoue et Venise

1503 -1504 - Codex Madrid II

1503 -1506 - *La Joconde*

1504 - Mort du père de Léonard de Vinci le 9 juillet

1504 -1506 - *La Bataille d'Anghiari*

1505 - Codex sur le vol des oiseaux

1506 - Essai d'une machine volante : la Montagne du Cygne

1506 - Léonard de Vinci quitte Florence pour Milan

1507-1508 - *La Vierge aux rochers*, version National Gallery

1507-1513- Léonard de Vinci est peintre et ingénieur au service de Louis XII

1508-1510 - Codex Leicester

1508-1516 - *La Vierge, l'Enfant Jésus et sainte Anne*

1510 - Monument équestre funéraire du maréchal Trivulzio

1511 - Naissance de Giorgio Vasari

1513-1516 - Au service de Julien de Médicis à Rome

- *Saint Jean-Baptiste*

1514 - Projet d'assèchement des marais pontins

1516 - Mort de Julien de Médicis

1516 -1519 - Au service de François Ier

1516 - Installation de Léonard de Vinci au manoir du Cloux

1519-1522 - Tour du monde par Magellan

1519 - Mort de Léonard de Vinci le 2 mai à Amboise

BIBLIOGRAPHIE SELECTIVE

Liste des ouvrages consultés relatifs à Léonard de Vinci, qui sont cités dans ce livre et dont la lecture est recommandée

Eugène Müntz, *Léonard de Vinci*
Paris, Octobre 1898.
Éditions Prisma, 2015.

Antonia Vallentini, *Léonard de Vinci*
Éditions Gallimard, Paris 1939.

Kenneth Clark, *Léonard de Vinci*
1939 Kenneth Clark et 1988 Martin Kemp.
Librairie Générale Française 1967 et 2005.

Les Carnets de Léonard de Vinci, classement et notes
E.Mac Curdy, préface de Paul Valéry.
Éditions Gallimard, Paris 1942.

Sigmund Freud, *Un souvenir d'enfance de Léonard de Vinci*
Imago Publishing Co. Ltd, Londres 1943.
Éditions Gallimard, 1987 et 1991.

Émilie Hahn, *Léonard de Vinci*
Édition originale sous le titre : *Leonardo Da Vinci*
Éditions Random House, New-York.
Éditions Fernand Nathan, Paris 1965.

Roy Mc Mullen, édition originale sous le titre :
Mona Lisa, the picture and the myth
Éditions Houghton Mifflin company, Boston 1975.
Éditions de Trévise, sous le titre : *Les grands mystères de la Joconde,* Paris 1981.

Marco Rosci, *Léonard de Vinci*
Édition originale : sous le titre, *Leonardo*
Éditions Mondadori Editore S.p.A., Milano 1976.
Éditions Fernand Nathan et Cie, 1978.

Serge Bramly, *Léonard de Vinci*
Éditions Jean-Claude Lattès, 1988.

Simon Cox, *Le Code Da Vinci Décrypté*
Michael O'Mara Books Limited.
Londres 1988.
Édition : Le Pré aux Clercs, 2004.

Giorgio Vasari, *Les Vies des meilleurs peintres, sculpteurs, architectes*, traduit et commenté par André Chastel.
Berger-Levrault, 1989.

Alessandro Vezzosi, *Léonard de Vinci Art et science de l'univers.*
Éditions Gallimard, 1996.

Carlo Vecce, *Léonard de Vinci*, titre original : *Leonardo.*
Salerno Éditrice, Rome 1998.
Flammarion, Paris 2001.

Renaud Temperini, *Léonard de Vinci*.
Éditions Flammarion, Paris 2003.

Connaissance des Arts, *Léonard de Vinci
Dessins et Manuscrits*.
Éditions SFPA, Société Française de Promotion
Artistique. Paris 2003.

Dan Brown, *Da Vinci Code*.
Éditions Jean-Claude Lattès, Paris 2004.

Donald Sassoon, *Histoire de la Joconde*.
Titre original: *Leonardo and the Mona Lisa Story*.
Éditions Stéphane Bachès, Madison Press Books,
Lyon 2006.

Alexandre Adler, *Sociétés Secrètes*
Éditions Grasset & Fasquelle.
Radio France éditions, 2007.

La Montagne du Cygne
Léonard de Vinci

michel.rigel@orange.fr

Dessin encre de chine à la plume de Michel Rigel 2017
Catalogue raisonné, détail du N°4163

Remerciements

Un livre est souvent le fruit d'un travail de groupe.

Je remercie ma mère Jeannine Cousteau et mes amies Michelle Gaffa, Michelle Lallaouret pour leur révision du texte ainsi que Marielle Force pour sa patience. Merci aussi tout particulièrement à Philippe Lorenzo pour le temps passé à la finalisation de l'écriture de ce livre.

LIBRAIRIES ON LINE

Commander sur Internet les livres et e. books de Michel Rigel sur

Lulu.com
Librairie-gallimard.com
Eurolivre.fr - Leslibraires.fr
Priceminister.com - Librairiedialogues.fr
Amazon.com - Amazon.fr - Amazon.co.uk
Fnac.com - Ombres-blanches.fr
Armitière.com - Decitre.fr
Le-parefeuille.com - cultura.com
Euroline.fr - parislibrairies.fr
Barnesandnoble.com
Bookdepository.com
Bookshop.blackwell.co.uk
Abebooks.fr - Quai des mots.fr
Vauban.fr - Kobo.com
Google.fr

LIENS EXTERNES

michel.rigel@orange.fr

ENCYCLOPEDIES DICTIONNAIRES
INTERNET

Encyclopédie Wikipedia
Encyclopédie Wikimedia Commons
Encyclopédie Wikimonde
Encyclopédie Wikiwand
Dictionnaire Akoun
Dictionnaire Drouot
Dictionnaire Bénézit 1999 tome 11
Dictionnaire Sensagent
Annuaire Adec
Annuaire Artprice International
Annuaire des Peintres et Sculpteurs, P.Bertrand
Société des Auteurs Arts Graphiques et Plastiques
Musée Bibliothèque Nationale de France

Léonard de Vinci

Notes:...
....
....
....
....
....
....
....
....
....
....
....
....
....
....
....
....

Notes..